学 / 者 / 文 / 库 / 系 / 列

U0659263

中华优秀传统文化的育人功能研究

李 岩 著

哈尔滨工程大学出版社
Harbin Engineering University Press

内 容 简 介

中华优秀传统文化蕴含丰富的思想精髓和文化精华,具有强大的育人功能。本书着眼于高校实际教学需要,从理论和实践两个维度对高校中华优秀传统文化育人工作进行观照。本书分为六章,多角度、多层次地探讨了文化与育人的内涵和关系,研究了中华优秀传统文化的内涵和当代价值,梳理其中所蕴含的育人资源和功能,探索其在高校教学中的现状、实现路径和改进方向,并运用教育学理论阐释和研究高校中华优秀传统文化育人功能,为高校中华优秀传统文化育人工作的开展提供科学指南,为新时代高校传承弘扬好中华优秀传统文化提供理论借鉴。

本书可供高等教育阶段各类学校中华优秀传统文化教育的教学和研究人员参考借鉴。

图书在版编目(CIP)数据

中华优秀传统文化的育人功能研究 / 李岩著. -- 哈
尔滨:哈尔滨工程大学出版社,2024.2
    ISBN 978-7-5661-4248-1

Ⅰ.①中… Ⅱ.①李… Ⅲ.①中华文化-关系-思想
政治教育-研究-中国 Ⅳ.①D64

中国国家版本馆 CIP 数据核字(2023)第 041734 号

中华优秀传统文化的育人功能研究
ZHONGHUA YOUXIU CHUANTONG WENHUA DE YUREN GONGNENG YANJIU

选题策划   丁 伟
责任编辑   暴 磊
封面设计   李海波

出版发行   哈尔滨工程大学出版社
社   址   哈尔滨市南岗区南通大街 145 号
邮政编码   150001
发行电话   0451-82519328
传   真   0451-82519699
经   销   新华书店
印   刷   哈尔滨市海德利商务印刷有限公司
开   本   787 mm×1 092 mm   1/16
印   张   11.5
字   数   207 千字
版   次   2024 年 2 月第 1 版
印   次   2024 年 2 月第 1 次印刷
书   号   ISBN 978-7-5661-4248-1
定   价   68.00 元
http://www.hrbeupress.com
E-mail:heupress@hrbeu.edu.cn

前　　言

　　中华优秀传统文化是中华民族的文化精髓,博大精深,具有强大的育人功能。发挥中华优秀传统文化的育人功能,对新时代的大学生在中华优秀传统文化的浸润中感受当下、思考未来有重要意义。

　　党的二十大报告指出:"全面建设社会主义现代化国家,必须坚持中国特色社会主义文化发展道路,增强文化自信。"这是新时代、新征程中推进社会主义文化强国建设的根本遵循。党的二十大提出的这一要求,为高校开展中华优秀传统文化教育指明了方向。要发挥中华优秀传统文化的育人功能,就必须深入挖掘其中所蕴含的人文精神、思想观念、道德规范,让中华优秀传统文化展现出永久的魅力和时代的风采。中华传统文化历数千年而不中断,其所包含的内容具有独特的育人价值。中华优秀传统文化的优良基因,已经深深根植于中华民族的血液之中,成为中国人日用而不自觉的文化财富。

　　中华优秀传统文化作为中华文化体系的重要部分,拥有丰富的教育资源,主要包括道德与礼仪教育资源、政治教育资源、文史哲学教育资源、艺体科技教育资源等。这些教育资源是中华优秀传统文化能够发挥育人功能的现实基础。建设中国式现代化的教育强国和文化强国、促进大学生全面发展和成长、建设校园文化等,都需要发挥中华优秀传统文化的育人功能。

目前,高校开展中华优秀传统文化的育人工作仍有诸多不足,需要进行完善和重构。这些问题和不足,指明了当下和今后高校开展中华优秀传统文化育人工作的改进方向。针对这些问题和不足,提出解决和补足的相关路径和对策,以期推进中国式现代化建设中的文化强国、教育强国建设。

本书分六章探讨上述内容,参阅和吸收了大量相关领域的研究成果,来源丰富繁杂,未能一一注明出处,在此一并致谢。限于笔者学识和水平,书中难免有疏漏和不足之处,欢迎广大读者、同行批评指正。

著 者

2022 年 10 月

目　　录

第一章　文化与育人

中华优秀传统文化是当代中国文化体系中的传统型文化资源,传承中华优秀传统文化,并使这一优秀文化资源发挥强大的育人功能,是一个重要课题。高校作为教育和思想文化建设的重要平台,积极开展中华优秀传统文化育人活动,是基于两个因素的考量:一是有充足的理论依据,那就是文化与教育的紧密关系为其奠定坚实的理论基础;二是有深刻的现实意义,那就是中华优秀传统文化蕴含丰富的教育资源,至今仍对传承中华优秀传统文化、促进学生全面发展、建设高校校园文化、推进大学治理现代化、建设教育强国等方面有重要意义。这为新时代高校开展中华优秀传统文化育人活动提供了不同的驱动力,也体现了新时代高校的教育责任、文化使命和文化担当。

第一节　中华传统文化

促进中华优秀传统文化育人功能的有效发挥,其基本依据就是文化与教育的关系理论。它是高校开展优秀传统文化育人活动的一个基本理论基础。

一、文化的概念

对"文化"的准确定义,目前学术界和理论界还没有取得共识,但试图做出的解释有几百种。不同学科领域、不同行业的从业者等不同群体都对文化有自己的定义和解释。总的来说,文化分为广义和狭义两种。从广义上讲,文化是指人类在社会实践过程中所获得的物质、精神的生产能力和创造的物质、精神财富的总和,是指人类的一切活动,即行为主体人、人产生的行为、行为产生的结果。从狭义上讲,文化是指精神生产能力和精神产品,包括一切社会意识形态,它是人类之间进行交流所普遍认可的一种能够传承的意识形态,是对客观世界感性上的知识与经验的升华。

"文化"一词出自《易经·贲卦象传》:"刚柔交错,天文也;文明以止,人文也。观乎天文,以察时变,观乎人文,以化成天下。"对于文化的认识,传统观念认为,文化作为一种社会现象,它是人类在长期共同生活和劳作过程中创造形成的产物;同时,文化作为一种历史现象,是人类社会在历史发展过程中积淀的产物。可以说,文化是凝结在物质之中又游离于物质之外的,能够被传承和传播的国家或民族的思维方式、价值观念、生活方式、行为规范、艺术文化、科学技术等的总结与升华。区文伟在其著作中这样定义文化:"文化是人类在不断认识自我、改造自我的过程中,在不断认识自然、改造自然的过程中,所创造的并获得人们共同认可和使用的符号(以文字为主、以图像为辅)与声音(以语言为主,以音韵、音符为辅)的体系总和。用更简练的文字表达,则可缩写为:文化是语言和文字的总和。"

"文",在古代原本指各色交错的纹理,即同"纹"义,引申为一切现象或形象。《易·系辞下》载"物相杂,故曰文",《礼记·乐记》称"五色成文而不乱",《说文解字》解"文,错画也,象交叉",其中的"文"都是此义。此外,"文"又引申为若干含义。其一,引申为在人类历史发展过程中所形成的包括语言文字在内的各种象征及符号,进一步引申为人类文明进程中所形成的文物典籍、礼乐制度等。《尚书·序》载伏羲画八卦、造书契,"由是文籍生焉";《论语·子罕》载孔子说"文王既没,文不在兹乎",是其实例。其二,从伦理学的角度可引申为装饰、修养之义,所以《尚书·舜典》疏曰"经纬天地曰文",《论语·雍也》称"质胜文则野,文胜质则史,文质彬彬,然后君子"。其三,基于前两层含义,进一步引申为德行之义,一种美、一种善,就如《礼记·乐记》所谓的"礼减而进,以进为文",郑玄注文所说的"文犹美也,善也",《尚书·大禹谟》所谓的"文命敷于四海,祗承于帝"。

"化",本为改易、造化、生成之义,就如《庄子·逍遥游》中的"北冥有鱼,其名为鲲,鲲之大,不知其几千里也。化而为鸟,其名为鹏,鹏之背,不知其几千里也",《易·系辞下》中的"男女构精,万物化生",《黄帝内经·素问》中的"化不可代,时不可违",《礼记·中庸》中的"可以赞天地之化育"等。综上可以看出,"化"指事物的形态或性质发生改变,也可引申为教行迁善之义。

把"文"与"化"合在一起使用,最早可能是《周易》中的"观乎天文,以察时变;观乎人文,以化成天下"。就是说,人们可以通过观察天象了解时序的变化,通过观察人类社会用教育感化的手段治理天下。这里所讲之"文",就是从纹理、表象之义演化而来的。日月星辰往来交错,文饰于天,即为"天文",是指一种天道自然的规律。从纹理、表象这一出发点来理解"人文",就是指人类在社会生活中所形成的社会规律,即社会生活中人与人之间错综复杂的社会关系,如中国儒家思想尤为强调人与人之间的关系和秩序,"父子有亲,君臣有义,夫妇有别,长幼有序,朋友有信"。"观乎人文,以化成天下",将"人文"与"化成天下"紧密联系起来,"以文教化"的思想已十分明确。

《说苑·指武》载:"圣人之治天下也,先文德而后武力。凡武之兴,为不服也。文化不改,然后加诛。"此处,刘向将"文"与"化"连用,是与无教化的状态相对而言。由此可见,在我国古代"文化"就是"以文教化"之义,表示对人的品德的教化、精神的陶冶,而随着时间的推移和社会的发展,"文化"的内涵、外延逐渐扩大,含义丰富起来。

那么,西方是如何理解"文化"的呢?"文化"的英文 culture,词源是拉丁文 colere,指人的能力的训练与培养,通过这种后天的能力训练,使人达到超乎单纯的自然状态。到十七、十八世纪,culture 的内涵有了扩展,指称一切经人为力量加诸自然物之上的成果,即文化是一切文化产品之总和。

相较而言,西方对"文化"的认识,侧重于人类智慧凝结而成的物质产品;我国对"文化"的认识,则侧重于其教化功能,旨在对人的道德和精神的提升。

因此,文化既包括自然科学、技术、语言和文字等非意识形态的部分,又包括世界观、人生观、价值观等意识形态的部分,是人类在其社会化生活的过程中产生的特有现象。文化由人创造、为人特有,是一切社会现象与内在精神的既有、传承、创造、发展的总和。

二、中华传统文化

中华传统文化历经上千年的不断融合与发展，绽放出夺目的光彩，汇聚成中华民族砥砺前行、生生不息的不竭动力。几千年来，中华民族在生产、生活中，在人与自然、与社会、与其他群体的相处过程中，总结和传承了一套具有典型民族特色的中华智慧。这样一套中华智慧就是中华传统文化，包括思想、文字、语言、价值观、世界观、风俗习惯等。

中华传统文化经历了雏形期、形成期、发展期。雏形期的文化主要为远古文化和夏商周文化。伴随着人的出现，人类社会与历史也出现了，也就有了文化。在从旧石器时代到新石器时代，从猿到人的发展过程中，中华传统文化逐渐萌生并开始发展。夏商周三代，奴隶制文化的诞生，青铜器时代的兴盛，诗歌、音乐、书法的发展，为中国传统文化奠定了坚实的基础。形成期的文化主要为春秋战国文化。春秋战国时期，诸侯国竞相争霸，社会动荡变革，诸子并起，百家争鸣，中华传统文化得以形成塑造，哲学、伦理思想得到飞速发展。发展期的文化主要为秦代至清代的文化。这一时期，哲学、史学、文学、艺术、科技飞速发展，中华传统文化走向巅峰。随着西方工业革命对中国的冲击，中华传统文化走向蜕变与新生并存的新的历史阶段。

中华传统文化，又称中国传统文化、华夏文化，是指以中原文化为基础不断演化、发展而成的中国特有的多元一体的文化格局。

中华文化的最早印迹能追溯到智人时代，在这一时期遗址的考古发掘中，我们已经看到人们开始群居，出现缝制衣物及葬礼仪式，也已经开始最基本的农业耕作，形成了最初的群居文化。考古发现，在中原地区的裴李岗文化、贾湖文化等，都已进入以原始农业、畜禽饲养业和手工业为主，以渔猎业为辅的原始氏族社会。

随着人类文明的发展，制陶和玉石开始兴起，比较典型的有两个：一个是以彩陶为主要特色的仰韶文化，另一个是以黑陶为主要特色的龙山文化。考古发掘发现，这一时期，人类用来进行生产的工具主要以磨制石器为主，比较常见的有石刀、石锛、石凿、石斧、石箭头及纺织用的石纺轮等，此外，各种制作精致的骨器也是当时主要的生产工具。在随后几千年的发展演变过程中，中华文化形成了丰富而独特的内容，涵盖了人们生活的方方面面。

中华传统文化既在整体上有共性，又因文化的发源地不同而有鲜明的地方特色。中华传统文化按其地方特色大致可分为几个地区：黄河流域的

4

山西、河北、陕西、山东、河南;长江上游的四川、云南、贵州;长江中游的湖南、湖北、江西;长江下游的安徽、江苏、浙江;东北地区的黑龙江、吉林、辽宁;内蒙古自治区;新疆维吾尔自治区;西藏自治区、青海及四川西部等地的藏区;珠江流域的广东、广西;闽江流域的福建等。不同区域的文化各具特征,在文明发展的过程中不断碰撞并走向交融。

中华传统文化不仅对中华民族的民族性格产生了基础性的影响,更具有强大的辐射能力,以其独特的文化魅力,对中国周边诸国产生了深远的影响,也使这些国家的文化中带有明显的中华传统文化的印迹。这些中国周边的国家或民族在其自身文明的发展中,曾普遍以汉语作为交流的重要媒介,并且在其发展的不同时期,从中国历代王朝引进国家制度、政治思想,并表现出与中国相似的文化和价值观,进而构成了相对独立的中华文化圈、儒家文化圈。

此外,以儒家思想为核心的中华传统文化,尤其是科举制度、四大发明、航海造船等,还深刻影响了欧洲,是欧洲近代启蒙运动的思想源泉之一。

2022年8月,中共中央办公厅、国务院办公厅印发的《"十四五"文化发展规划》强调:"坚守中华文化立场,坚持创造性转化、创新性发展,赓续中华文脉,传承红色基因,建设中华民族共有精神家园,凝聚中华儿女团结奋进的精神力量。"中华优秀传统文化是我们在世界文化激荡中站稳脚跟的坚实根基,因此,今天我们要结合新的时代条件将其传承和弘扬好。

第二节　教育与育人

一、教育的含义

"教育"一词概念复杂,内涵丰富。在西方,教育一词源于拉丁文educare,前缀"e"有"出"的意思,意为"引出"或"导出",意思是通过一定手段把某种潜在于人身体和心灵的内在素质引发出来。从词源上说,西方的"教育"一词侧重于内发之义,强调教育是一种顺其自然的活动,旨在把自然人固有的或潜在的素质由内而外地引发并成为现实的发展状态。

教育活动是伴随着人类社会的产生而出现的。在从猿到人的进化过程中,生产劳动促进猿形成以大脑和手为核心的主体机制。大脑可以思考,手可以操作,这种以大脑和手为核心的主体机制,使人区别于一般动物,具有实践和认知的能力,这就为教育活动的产生和发展提供了最重要的条件。

对教育的定义,古今中外的学者们有不同的认识。古希腊的亚里士多德认为:"教育遵循自然。"柏拉图说:"教育是约束和指导青少年,培养他们正当的理智。"美国的杜威提出:"教育即生活。"英国的斯宾塞指出:"教育为未来生活做准备。"中国的孔子提出"性相近,习相远",主张"有教无类",承认知识和道德都是要靠学习培养出来的,教育是形成人的个别差异的重要原因。曾子说:"大学之道,在明明德,在亲民,在止于至善。"鲁迅提出:"教育是要立人。"陶行知认为"生活即教育""社会即学校"。蔡元培认为:"教育是帮助被教育的人给他能发展自己的能力,完成他的人格,于人类文化上能尽一分子的责任,不是把被教育的人造成一种特别器具。"学者李壮认为:"教育是强迫或引导被教育者接受特定的知识、规矩、信息、技能、技巧等。"

从教育活动的基本要素的角度来定义,"教育"是指人有意识地通过若干方法、媒介等形式向他人传递信息,期望以此影响他人的精神世界或心理状态,帮助或阻碍他人获得某种(些)观念、素质、能力的社会活动。处于前者角色的被称为"教育者",处于后者角色的被称为"教育对象"。这样的定义符合所有的人类教育活动,可以作为"教育"的基本定义。

从社会的角度来定义,"教育"可以分为不同的层次:从广义上讲,在人的社会生活中,凡是有利于增进人的知识和技能、影响人的思想品德的活动都是教育,这是对教育最本质的理解,即教育是社会对人们的知识灌输和行为指导;从狭义上讲,教育是个体在精神层面的升华,把教育等同于个体的学习或发展过程,并强调社会因素对个体发展的影响;更狭义范围的"教育",主要指学校教育,是教育者根据一定的社会或阶级的要求,有目的、有计划、有组织地对受教育者身心施加影响,把他们培养成一定社会或阶级所需要的人的活动。

上述对"教育"的定义,既反映了教育的本质,又可将教育活动同其他活动(如学习、训练、宣传等)区别开来,可视作教育的基本概念。

人类的教育与动物的本能教育有着本质的区别:人类的教育具有社会性、目的性的特点,其本质是有目的地培养人的社会活动。主要表现在三个方面:

第一,教育是人类所特有的社会现象;

第二,教育是有意识、有目的、自觉地对受教育者进行培养;

6

第三,存在教育者、受教育者及教育影响三种要素间的关系。

教育的种类多样:按照学习场所划分,可以分为家庭教育、学校教育、社会教育;按照学段划分,可以分为学前教育、小学教育、初中教育、高中教育、大学教育、研究生教育及终身教育;按照学习形式划分,可以分为实体课堂教育、远程教育。

二、育人的含义

育人,是指对受教育者进行德、智、体、美、劳等多方面的教育和培养,其目的是使受教育者能全方位地发展,其实质是一种教育的功能。如果说教育侧重于过程,那么,育人则侧重于教育的功能。

教育的功能就是教育实际发生的作用。具体来说,教育最首要和最重要的功能,就是促进个体的发展,包括个体的社会化和个性化;教育最深远的功能,是对文化的传承和发展产生巨大影响,教育不仅要传递文化,还要满足文化本身延续和更新的要求。此外,教育活动服务于国家的政治、经济发展,为国家的发展培养人才。

不同时期的教育活动,育人的目的也不同。在九年义务教育阶段,育人的目的是启蒙教育,解决受教育者在德育、智育、体育、美育、劳动教育、科学教育等方面的基础性认知,促使和帮助受教育者具备社会生活的基本技能。在高中、大学的中高等教育阶段,育人的目的是创新启蒙,解决受教育者在社会生活中应具备的基本的科研、实践、实验、试验、仿制等能力,促使和帮助受教育者具备发明创造等专业化、工业化、标准化、信息化生产实践的基本技能。在职业教育阶段,育人的目的是培养技术技能型人才,为社会工业化、产业化,以及经济发展提供源源不断的技能型人才,促使和帮助受教育者熟练掌握岗位作业工艺、获得岗位作业的基本技能。

俗语有云:"十年树木,百年树人。"这句话揭示了育人的根本目标,就是给国家提供信仰崇高、道德高尚、诚实守法、技艺精湛、博学多才、多专多能的人才,为国家、为社会、为家庭创造科学知识和物质财富,推动经济增长,推动民族兴旺,推动世界和平与人类发展。

第三节　文化与教育的关系

　　文化与教育作为人类的两大现象、两大活动,它们相互作用、联系紧密:一方面,文化对教育具有制约作用;另一方面,教育对文化的发展又起着重要的促进作用。文化与教育都是由社会政治经济所决定的,社会发展不可能没有文化,而文化的传承和发展又依赖于教育。文化是本质,教育是形式。

一、文化对教育的制约作用

　　教育活动是文化的一个极为重要的组成部分。任何教育活动都必须在大的文化背景下开展。从这个意义上讲,文化传统制约着教育活动的过程。不同的文化传统能够表现出不同的国家、民族在思想规范、观念形态等方面的差异,具体表现在价值体系、知识经验、思维方式、语言符号四个方面。教育活动一定会受到其文化传统的制约,并在其文化背景的影响下,逐渐形成与此文化系统相契合的价值体系。因此,文化对教育的发展轨迹起着调控、制约作用。

　　不同国家、不同地区、不同民族的人民,其语言、风俗习惯、价值体系、知识经验、思维方式等也不相同,使得教育在不同文化背景下,呈现出多元化的色彩。其中,语言和文字作为文化传播、延续最重要的条件和工具,作为文化的载体,对文化的传承与发展有极为重要的意义。因此,语言和文字作为文化中最早出现的元素,深深地影响着肩负文化传播与传承重任的教育。

　　文化的发展制约着教育的发展,也决定了教育必然会随着文化的传承和发展而变化。文化是动态发展的,并非静态地固守传统,在历史长河中屡有变迁。在人类社会发展之初,文化普遍具有原始性特征,这一阶段人的认知水平、知识构成主要以直接经验为主,并以感性的、现实的形态存在于社会实践之中。这种原始的文化形态,以口耳相传的教育方式传至下一代。随着社会的进一步发展,原始状态下口耳相传的教育方式已经不能适应文化传承和发展的需要,人们需要更成熟的、更系统的教育活动。随着文字和语言系统的成熟和完善,教育的水平走向了更高的阶段。

优秀传统文化的传承,教育是最基本的手段。教育必须要顺应文化发展的要求和方向,这就必然影响社会对教育内容的选择。因此,传统文化的传承与发展对教育传递和表达的具体内容具有制约和影响作用;文化的价值和取向影响着人们对教育目的、教育地位及教育观念的认知,并决定着教育内容、教育手段和教育方法的选择。

二、教育对文化发展的促进作用

教育是培养人的一种社会活动。对于文化传承而言,教育是通过培养人来实现对文化的传承和发展的。

教育是为社会服务的,是为文化传承而服务的,这就决定了教育在其活动开展的过程中,必须按照社会和文化发展的需求,对教育内容进行有目的的整理、筛选、传播和保存,一方面使教育内容符合社会文化发展的需求,另一方面通过教育活动推动文化的传承和发展。这里所说的整理、筛选、传播和保存文化,更多是强调时间上的纵向传承,如通过教育把我们优秀的剪纸文化保存至今。

文化因交流而繁荣。不同的国家、民族有不同的文化,不同的文化在相互交流中走向融合,又促进了文化的共同繁荣和发展。国际性的文化交流,使各个国家的文化互相借鉴、互相补充、汇聚精华、交融发展,从而形成全人类的共同精神文化财富,这正是民族文化融入全球文明的过程。这里所说的文化传播和交流,更多是强调空间上的横向传播。这一切都离不开教育的推动和促进作用。我国在外国建立的孔子学院,或者两个国家互派留学生,都是国家间的文化交流在教育方面的体现。

具体来讲,教育对于文化发展的促进作用,表现在以下几个方面。

教育是文化传承和创新的重要手段。教育可以将各种文化知识和技能传授给后代,也可以培养后代的审美能力和文化意识,使其更好地理解和感受文化艺术的内涵和魅力。同时,教育也是文化创新的源泉,凭借着先进的教育模式和理念,可以引领和推动文化的变革和进步。

教育是培养文化人才的重要途径。通过学校教育和职业教育,可以在各个领域源源不断地培养出具有文化素养的人才。这些人才不仅能够促进文化的传承与发展,而且能够推动文化产业的繁荣发展,并为国家的文化事业做出更多的贡献。

教育是增进文化交流与认知的桥梁。教育的跨国合作和留学项目,可以将各种文化和知识更好地传递给不同国家和地区的学生。在这个过程中,学生们不但能够拓展自己的国际视野和文化认知,还能够了解和体验不同国家和地区的文化传统和习俗。

教育是坚定文化自信的底气。通过教育倡导和传承中华优秀传统文化,人们不但能"知来路",增强文化自信心和民族自信心;还能"行更远",进一步推动中国文化事业的发展与繁荣。

第二章　中华优秀传统文化的内涵及当代价值

中华优秀传统文化博大精深,是中华民族的文化精髓,具有强大的育人功能。挖掘中华优秀传统文化的育人功能,对新时代大学生在中华优秀传统文化的浸润中感受当下、启迪思考、规划未来有积极意义。

第一节　中华优秀传统文化的内涵及核心精神

对中华优秀传统文化内涵的解读,主要从内容和价值两个维度进行。从包含的内容来看,中华传统文化源远流长,包罗万象,博大精深,在数千年的历史发展中,经过去其糟粕、取其精华,不断融合发展,形成了多元一体的中华文化格局,是中华民族的文化精粹。从蕴含的价值来看,中华优秀传统文化有着非常丰富的哲学观点,沉淀着中华民族的精神追求。在现代社会治理、当代道德建设、人民的价值追求上,仍然具有不可替代的作用,推动中华文明的进步发展。简单来说,中华优秀传统文化是传统文化中的精髓和精华,是历史遗留下来的价值取向、民族性格、伦理观念等对社会有积极影响的精神成就的总和。

一、中华优秀传统文化的内涵

中华优秀传统文化是中华民族的"根"和"魂"。习近平总书记指出："在几千年的历史流变中，中华民族从来不是一帆风顺的，遇到了无数艰难困苦，但我们都挺过来、走过来了，其中一个很重要的原因就是世世代代的中华儿女培育和发展了独具特色、博大精深的中华文化，为中华民族克服困难、生生不息提供了强大精神支撑。"中华五千年的文明，是世界上唯一一个没有中断的文明。在漫长的历史发展中，作为四大文明古国，古巴比伦、古埃及、古印度文明都在历史长河中湮灭，只有中华文明一直延续下来，走到了今天。中华文明能够历经数千年而不中断，与中华优秀传统文化的传承和发展密不可分。中华民族曾经经历过无比的辉煌，但从来都是协和万邦；中华民族也曾经历过惨痛的低谷，却表现出无与伦比的坚强与韧性。"穷则独善其身，富则兼济天下。"中华民族之所以是一个伟大的民族，之所以能够始终屹立于世界民族之林，之所以能够历经磨难而愈挫愈勇、奋发奋起，一个重要原因就是中华民族在其历史发展的长河中，逐渐形成的中华文化和民族精神。历史和现实都充分证实了一点：一个国家、一个民族，要想以独立的姿态，有尊严地屹立于世界民族之林，就必须有自己的文化根基，作为凝聚国家和民族的重要力量；相反，一个国家、一个民族，失去了自己的文化传承，就会失去精神支撑，从而失去了立足于国际社会的根基。直到今天，中华民族仍然浸润在中华优秀传统文化中，形成了中华民族独特的人文精神和情怀。

中华优秀传统文化蕴含着丰富的教育资源，是教育人、塑造人、培养人的精神力量，给予我们足够的文化自信和底气。这些传统文化的教育资源，使新时代的大学生能够从中华民族发展的历史方位上，在中华优秀传统文化的熏陶中，努力拼搏，自信自强，实现中华民族伟大复兴的理想。

二、中华优秀传统文化的核心精神

中华优秀传统文化博大精深，塑造了中国人独特的精神气质，成为中国人日用而不自觉的精神力量。中华优秀传统文化所表现出来的文化特质，直到今天，都深深地影响着中国人的认知和行为。具体来讲，中华优秀传统

12

文化的核心精神,主要表现在以下几个方面。

1. 仁爱为本

中国传统文化的一个重要体现在于讲求人与人之间的仁爱,即孟子主张的"仁者爱人"。中华文明具有浓重的农业文明的特点,与海洋文明所表现出来的冒险、征服等文化特质不同。中华文明的文化特质主要表现人与人之间的和谐关系,即人与人之间的相处要遵循一定的规则。无论是孔子的"忠恕之道""己所不欲,勿施于人",还是孟子的"老吾老以及人之老",都体现了中华优秀传统文化在和谐人际关系上的基本观点,即"仁者爱人"的思想。仁爱为本也是中华优秀传统文化最重要的一个内容。

"仁",就其本义而言,就是对人友善、相亲。在《论语·颜渊》中,孔子在解答他的学生樊迟对仁的疑问时,更直接回答"仁"即"爱人"。"仁"在后世的发展中具有更广泛的道德内涵。

起源于农业文明的中华传统文化,非常强调人与人之间的和谐相处。从制度设计来看,通过设计各种宗法制度,使所有人都能够"各安其分,各守其道",以达到人与人之间的和谐;从情感体验来看,提倡在处理人与人之间的关系时,能够深刻体会对方的真实情感,由此决定自己的行为,也就是今天我们所讲的换位思考。仁爱之心的一个现实表现就是在处理人与人之间的关系时,能够"推己及人"、换位思考,将自己内在的仁爱之情推延于外。《礼记·儒行》载:"温良者,仁之本也;敬慎者,仁之地也;宽裕者,仁之作也;孙接者,仁之能也;礼节者,仁之貌也;言谈者,仁之文也;歌乐者,仁之和也;分散者,仁之施也;儒皆兼此而有之,犹且不敢言仁。其尊让有如此者。"《孟子·离娄下》曰:"君子以仁存心,以礼存心。仁者爱人,有礼者敬人。爱人者,人恒爱之;敬人者,人恒敬之。"俗语有云:"量大好做事,树大好遮阴。"这些讲的都是同一个道理,就是要求我们在平时学会包容,学会换位思考,遇到事情或矛盾的时候多站在对方的角度考虑。

2. 天下情怀和士人责任

中华优秀传统文化还体现在以天下为己任的士人情怀。《礼记·大学》中有言:"古之欲明明德于天下者,先治其国。欲治其国者,先齐其家。欲齐其家者,先修其身。欲修其身者,先正其心。欲正其心者,先诚其意。欲诚其意者,先致其知。致知在格物。物格而后知至,知至而后意诚,意诚而后心正,心正而后身修,身修而后家齐,家齐而后国治,国治而后天下平。"中国古代的士人是有家国情怀的,他们"入世"有所作为的志愿,体现在"学而优则仕",要积极参与治理国家。要把国家治理得井井有条、繁荣富强,是以管理好自己的家庭为前提的,即"欲治其国者,先齐其家";要想管理好自己的家族,就必先修养自身的心性,即"欲齐其家者,先修其身";要想修养自己的品性,就必先端正自己的思想,即"欲修其身者,先正其心";要端正自己的思想,就必先要使自己的意念真诚,即"欲正其心者,先诚其意";要让自己具备真诚的意念,就必须要不断地提升自身的文化底蕴,获得更丰富的知识。这是一个环环相扣的过程,主要是强调通过自身的认知和德行的修养,才能在世间发挥自己的作用,有所作为,为国家承担起作为士人应尽的责任和义务。

《论语·泰伯》中也有类似的表达:"士不可不弘毅,任重而道远。仁以为己任,不亦重乎?死而后已,不亦远乎?"中国古代的"士",应该有正人君子之风,应该具有优良的品性和坚韧的性格,要勇担责任,负重前行。他们普遍具有家国情怀,家是最小国,国是最大家,家国一体是他们的基本认知。在他们看来,家庭就是构成国家的最小单位,是一个人安身立命的基础,没有家人将无所依托。因此,国家的安稳,首先需要其最小的单位家庭的和睦,也就是我们常说的"家和万事兴"。人作为社会最小单位的一个组成部分,要在世间"有为"必先积极参与集体活动,体现了集体高于个人的文化情怀;在集体活动中,要强化自身的德行修养,才能在集体中树立威信。正如顾炎武所言"天下兴亡,匹夫有责",也就是说,国家大事与其中的每一个个体都息息相关,实际上就是每个人的事。因此,人一定要规范好自己的言行,不断提升自身的道德修养,才能有足够的资格和能力在世间成就一番事业,承担每一个读书人对国家、对社会应尽的责任。

3. 知止有定的底线意识

《论语·卫灵公》有云:"君子固穷,小人穷斯滥矣。""固穷"是一种君子修养德行的方法,就是说君子穷困也能安贫乐道、不失节操。而小人一旦身处逆境,则往往会没有底线,胡作非为。《礼记·大学》中载:"知止而后有定,定而后能静,静而后能安,安而后能虑,虑而后能得。"这里"止"的含义,实际就是设立的一个底线,人只有具备底线意识,才能处世有原则,才能以静制动、居安思危,从自己的底线原则出发,不断提升和强化自己,从而做到急中不乱、未雨绸缪。

确立底线意识、底线原则不是一件难事,真正难的是要对底线持之以恒地坚守。底线是我们在处理社会生活中各种矛盾的时候,必须要坚守而不能放弃的最基本的原则,它是一个临界点,不能被打破。如果从马克思主义哲学的角度来分析,底线就是事物发展中由量变到质变的界线标志,一旦被打破,就会使事物发生质的变化,使其性质发生根本改变。

4. 一心向善的道德追求

《易传·坤文言》中说:"积善之家必有余庆,积不善之家必有余殃。"这是在向社会发出呼吁,即每一个人都应该多积善德,多行善举,要以"向善"作为人的最重要的道德追求。乐于行善的家族,能够带动社会向善的风气,其自身也会在这种向善的氛围中感受到幸福;而常行不善之举的家族,就会在社会上带动向恶的风气,恶如果累积到了一定程度,就会给家庭和社会带来祸害。因此,一心向善的道德境界是每一个人都应该追求的人格目标,而且,一个人只要想向善,善就一定能到达,这就是孔子所说的"仁远乎哉?吾欲仁,斯仁至矣"。

5. 天下为公的爱国情怀

爱国是个人对祖国的一种深厚的情感,是中华民族的优良传统。爱国情怀也是中华优秀传统文化的一个重要内容,是其中宝贵的精神财富。

爱国情怀宣扬的是坚贞的报国之志,是"小来思报国,不是爱封侯"的豪情,是"天下为己任"的担当,是"闲居非吾志,甘心赴国忧"的情怀,是"一寸丹心图报国,两行清泪为思亲"的大义,是"感时思报国,拔剑起蒿莱"的追求,等等。这些都反映出人们丹心报国的志向,是中华儿女共同的价值追求,是人们以"尽忠报国"为核心的崇高理想。

中国古代的读书人欲成就一番大业,必须先立报国之志,把个人价值的实现与国家的兴衰存亡紧密相连,在报效国家中建功立业,以实现个人的人生价值。顾炎武曾说:"天下兴亡,匹夫有责。"回顾历史,我们也发现,每当中华民族处于危难之时,总会有人挺身而出,为国牺牲,表现出"愿得此身长报国,何须生入玉门关"的生死情怀,以及"苟利国家生死以,岂因祸福避趋之"的爱国情操。"僵卧孤村不自哀,尚思为国戍轮台""先天下之忧而忧,后天下之乐而乐"等名句,无不表现出人们深厚的爱国情怀。

6. 兼容并蓄的包容精神

几千年来,在中华大地上繁衍生息的各民族不断交融汇聚,特别是自秦汉形成统一多民族国家以来,各民族在分布上交错杂居、经济上相互依存、文化上博采众长、情感上相互亲近,最终形成了多元一体的中华民族,塑造了兼容并蓄、海纳百川的中华文明。

文明因多样而交流,因交流而互鉴,因互鉴而发展。我国各民族在文化上的相互认同、相互融合,相互学习、相互借鉴,共同创造了丰富灿烂的中华文化。正是中华传统文化的包容性,才使其在对各种文化的兼容并蓄中不断发展、不断进步，历久弥新，为中华民族的发展提供了丰厚的文化滋养。

在中华文明进行内部交流与融合的同时，中国也以一种开放包容的胸怀，积极同世界上的其他国家、其他民族的文化文明积极展开交流，从历史上的佛教东传，到近代以来的"西学东渐"，再到马克思主义的中国化，中华文明始终在兼容并蓄中历久弥新，为世界文明贡献华彩篇章。

海纳百川，有容乃大。习近平总书记在文化传承发展座谈会上指出，中华文明具有突出的包容性，从根本上决定了中华民族交往交流交融的历史取向，决定了中国各宗教信仰多元并存的和谐格局，决定了中华文化对世界文明兼收并蓄的开放胸怀。中华传统文化在其五千多年的包容发展中，展现出了强大的生命力，这种文化韧性，也使其成为唯一一个没有断流过的文化。

7. 自强不息的进取精神

自强不息的进取精神，是中华优秀传统文化的核心精神之一，是中华民族生生不息、薪火相传的精神力量，是中华儿女能够在仟何困难险阻面前奋发图强、锐意进取的力量源泉，是中华民族能够以独立的姿态屹立于世界民族之林的基因传承。

"自强不息"这个词出自《易传·象传上·乾》的"天行健，君子以自强不息"，意思是说，从天道刚健不歇的运行中推演出君子立身处世当效法天道，要做到自强进步、永不停息。

自强不息是一种生命不息、奋斗不止、积极有为的进取精神。孔子曾以"逝者如斯夫，不舍昼夜"来激励他的学生努力进取，以"发愤忘食，乐以忘忧，不知老之将至"来评价自己的进取精神。曾子的"士不可以不弘毅"，荀子在《劝学》中说的"无冥冥之志者，无昭昭之明；无惛惛之事者，无赫赫之功"等，都是强调锐意进取的重要性。中国传统故事也有许多从另一角度诠释自强不息进取精神的，如孙敬"头悬梁"、苏秦"锥刺股"、匡衡"凿壁偷光"、车胤"囊萤映雪"等，都是以日积月累、奋发进取的非凡努力被载入史册，激励着一代又一代的中国人。

自强不息也是面对逆境时所表现出的百折不挠的顽强意志。不为困境所滞、不为逆境所扰、不为绝境所囿，是伟人成就历史、国家铸就辉煌的必经之路。司马迁在《报任安书》中写道："文王拘而演《周易》；仲尼厄而作《春秋》；屈原放逐，乃赋《离骚》；左丘失明，厥有《国语》；孙子膑脚，《兵法》修列；不韦迁蜀，世传《吕览》；韩非囚秦，《说难》《孤愤》；《诗》三百篇，大底圣贤发愤之所为作也。"这些既表达了司马迁以历史上杰出人物为榜样，自强不息、矢志进取的坚定决心，又是他对自己忍辱负重 14 载终成《史记》的共鸣。自古雄才多磨难，回看中华历史，愚公移山、精卫填海、大禹治水、卧薪尝胆等耳熟能详的典故，都是古人面对挫折，顶住压力，以愈难愈进、愈险愈进的坚定决心，以逢山开路、遇水架桥的胆气魄力，为自强不息精神写下的最好注解。

总而言之，上述中华优秀传统文化的核心精神，体现义务先于权利、责任先于自由、群体高于个人、和谐高于冲突、重视公平正义的传统价值观，已经深入中国人的骨髓，成为中华民族日用而不自觉的精神力量，也造就了中华民族独特的民族气质。

第二节　中华优秀传统文化的当代价值

党的十八大以来，中国经济迅猛发展，国际地位不断提高。2020 年，中国全面建成小康社会以后，坚持和发展中国特色社会主义的总任务是实现社会主义现代化和中华民族伟大复兴。现阶段，在文化建设上，要建设具有强大凝聚力和引领力的社会主义意识形态，建设社会主义文化强国，激发全民族文化创新创造活力。这就要大力弘扬中国传统文化，充分发掘利用传统文化中蕴含的丰富资源，坚定文化自信，维护文化安全，增强文化软实力，使中华传统文化在新时代继续发挥培根铸魂、凝心聚力的作用和价值。

中华优秀传统文化蕴含丰富的教育资源和诸多文化资源，这些有益资源的开发利用，为提升人的道德素养，尤其是培育新时代大学生的精神风貌，提供了重要的资源保障，为建设现代化的教育强国和文化强国、实现对现代大学的人文化治理，从不同内容层面为开展优秀传统文化育人活动、发挥其育人功能，创造了重要的资源条件。

中华优秀传统文化的当代价值，总体表现在以下几个方面。

一、奠定马克思主义中国化的文化基础

马克思主义自传入中国以来，一直处在中国化的进程中。在这一过程中，马克思主义之所以能够战胜各种社会主义思潮，在中国得到广泛的认同，并最终成为中国共产党的指导思想，一个重要原因就是马克思主义基本

原理与中华优秀传统文化的内容高度契合。简而言之，马克思主义在近现代中国之所以被传播和接受，是因为马克思主义和中华优秀传统文化存在高度契合性。

1926年，郭沫若发表了一篇短篇小说《马克思进文庙》，讲述了这样一个故事。有一天，孔子和他的学生颜回、子贡、子路在上海的文庙里，遇到了一个西洋人，他就是马克思。孔子上前打招呼："有朋自远方来，不亦乐乎呀！马克思先生，你来得真难得，真难得！你到敝庙里来，有什么见教呢？"马克思说："我特为领教而来。我们的主义已经传到你们中国，我希望在你们中国能够实现。但是近来有些人说，我的主义和你的思想不同，所以在你的思想普遍着的中国，我的主义是没有实现的可能性。因此我便来直接领教你：究竟你的思想是怎么样的？"孔子便让马克思先说说他的理想世界。马克思说："我的理想的世界，是我们生存在这里面，万人要能和一人一样自由平等地发展他们的才能，人人都能尽力做事而不求报酬，人人都能得生活的保障而无饥寒的忧虑，这就是我所谓'各尽所能，各取所需'的共产社会。"听完，孔子也不禁拍手叫绝，说道："你这个理想社会和我的大同世界竟是不谋而合。你请让我背一段我的旧文章给你听罢。'大道之行也，天下为公，选贤与能，讲信修睦；故人不独亲其亲，不独子其子，使老有所终，壮有所用，幼有所长，矜寡孤独废疾者皆有所养，男有分，女有归；货恶其弃于地也不必藏于己，力恶其不出于身也不必为己；是故谋闭而不兴，盗窃乱贼而不作，故外户而不闭，是谓大同'，这不是和你的理想完全是一致的吗？"又经过几番详细的探讨，马克思感叹起来："我不想在两千年前，在远远的东方，已经有了你这样的一个老同志！你我的见解完全是一致的。"

从这个小故事中，我们看到了中华优秀传统文化和马克思主义的契合之处，即中华优秀传统文化中"天下为公"的大同思想与马克思设想的自由平等的共产社会不谋而合。

此外，中华优秀传统文化中的"民惟邦本，本固邦宁""民为贵，社稷次之，君为轻"及荀子"君舟民水"的比喻，都体现了中国朴素的民本主义思想，与马克思主义哲学中的"人民群众是历史的创造者"异曲同工。

正因如此，马克思主义才能更好地、更容易地为中国人民所接受、所认同，这与中华优秀传统文化为其奠定的文化基础不无关系。相互契合才能有机结合，把马克思主义思想精髓同中华优秀传统文化精华结合起来，使新文化成为中国式现代化的文化形态。

二、助力培育社会主义核心价值观

一个民族或一个国家,都应有自己的核心价值观作为其价值引领,并且其核心价值观是这个民族、国家在其特定历史阶段积淀的思想文化精华的集中体现。中国的社会主义核心价值观正是这样一种价值引领,与中华优秀传统文化高度契合与关联。

中华优秀传统文化是中华民族的根与魂,以其博大精深的文化底蕴,为社会主义核心价值观提供了丰富的精神给养。

2014 年,习近平总书记在北京大学师生座谈会上指出:"中华优秀传统文化已经成为中华民族的基因,植根在中国人内心,潜移默化地影响着中国人的思想方式和行为方式。"社会主义核心价值观就其核心内容来说就是中华优秀传统文化在当代的反映,因此,需要不断地从中华优秀传统文化中汲取养分,并在其基础上不断地培育和发扬。

社会主义核心价值观是中华民族的行为习惯和思维方式的体现,是中华民族普遍接受和认同的价值观念,对凝聚人心、促进中华民族发展有最深层和持久的力量。今天,要在全社会进行社会主义核心价值观教育,就必须要从中华优秀传统文化入手,不断汲取养分,从根本上加强社会成员对社会主义核心价值观的认同,把这种精神力量有效地转化为一种自觉的行动。

社会主义核心价值观是社会主义核心价值体系的内核,是当代中国精神的集中体现,是凝聚中国力量的思想道德基础。党的十八大提出,倡导富强、民主、文明、和谐,倡导自由、平等、公正、法治,倡导爱国、敬业、诚信、友善,积极培育和践行社会主义核心价值观。其中,富强、民主、文明、和谐是国家层面的价值目标,自由、平等、公正、法治是社会层面的价值取向,爱国、敬业、诚信、友善是公民个人层面的价值准则。

无论在社会主义核心价值观的发展历程中,还是在社会主义核心价值观三个层次的基本内涵中都渗透着中华优秀传统文化对其思想精神的深刻影响。因此,毫不夸张地说,社会主义核心价值观的一个重要思想来源就是中华优秀传统文化。

在国家层面上,中华优秀传统文化为社会主义核心价值观提供了价值目标。社会主义核心价值观倡导的"富强、民主、文明、和谐",在中华优秀传统文化中能找到其思想根源。《荀子·富国》中的"民富则田肥以易,田肥以易则出实百倍",追求的是国富民强。中国朴素的民本主义思想,倡导的是重视人民、以民为贵。"天人合一"的治国理念,追求人与人、人与自然、人与社会的和谐,最终实现"天下大同"的理想境界。

在社会层面上,中华优秀传统文化为社会主义核心价值观提供了价值取向。社会主义核心价值观倡导的"自由、平等、公正、法治",在中华优秀传统文化中也有迹可循:墨子在《列德而尚贤》一文中提出"故古者圣王之为政,列德而尚贤,虽在农与工肆之人,有能则举之",体现的是中国人自古以来追求的平等思想;《管子·明法解》中阐述了"法者,天下之程式也,万事之仪表也"的思想,体现的是中国传统文化中的法治思想;儒家伦理文化中的"以礼为纲"提倡的是人与人之间的道德标准,其主旨是要在全社会范围内确立符合社会发展需要的行为规范和道德准则。

在公民个人层面上,中华优秀传统文化为社会主义核心价值观提供了价值准则。社会主义核心价值观倡导的"爱国、敬业、诚信、友善",在中华优秀传统文化中也有相似的价值规范:范仲淹的"先天下之忧而忧,后天下之乐而乐",顾炎武的"天下兴亡,匹夫有责"等,都是爱国主义的鲜明体现;孟子的"老吾老以及人之老;幼吾幼以及人之幼",倡导待人友善;孔子的"言必信,行必果"、孟子的"诚者,天之道也;思诚者,人之道也",追求的是诚信品质的塑造与养成。

可以说,中华优秀传统文化是涵养社会主义核心价值观的重要源泉,社会主义核心价值观继承了中华优秀传统文化。正是受到中华优秀传统文化的滋养,社会主义核心价值观才能在最广泛的程度上为中国人民所认同、所接受。

三、推动文化强国建设

当今世界正处在大发展、大变革、大调整的时期,文化在综合国力竞争中的地位和作用更加凸显。中华优秀传统文化是中国最具优势的文化资源之一,它不但是中国古代文化的精髓,而且也是中国现代文化的重要组成部分,是建设社会主义文化强国的强大推动力。党的二十大报告提出,要"推进文化自信自强,铸就社会主义文化新辉煌",为新时代新征程上社会主义文化强国建设进一步指明了前进方向。

在中国步入社会主义新时代的今天,中华优秀传统文化焕发出无与伦比的精神魅力,是提高国家文化软实力最深厚的源泉。

习近平总书记强调:"统筹推进'五位一体'总体布局、协调推进'四个全面'战略布局,文化是重要内容;推动高质量发展,文化是重要支点;满足人民日益增长的美好生活需要,文化是重要因素;战胜前进道路上各种风险挑战,文化是重要力量源泉。'十四五'时期,我们要把文化建设放在全局工作的突出位置,切实抓紧抓好。"将文化建设摆在更加突出位置,从顶层设计的高度,为推动建成文化强国提出了新的课题、新的要求,吹响了努力建成社会主义文化强国的冲锋号。

中华优秀传统文化对新时代建设社会主义文化强国具有强大的推动力。因此,要深入挖掘中华优秀传统文化中的教育资源,使其在新时代文化强国的建设过程中充分发挥育人作用。

实现中华民族的伟大复兴,不仅需要强大的物质力量,更需要强大的精神支撑。"文化是一个国家、一个民族的灵魂,文化自信是更基础、更广泛、更深厚的自信,是一个国家、一个民族发展中更基本、更深沉、更持久的力量。"对于每一个中国人来说,中华优秀传统文化都是我们的精神源泉,是中华民族特有的精神标识。

建设社会主义文化强国,是在党的十七届六中全会上正式提出的战略目标,党的十八大则进一步强调要"扎实推进社会主义文化强国建设",党的十九大报告强调"要坚持中国特色社会主义文化发展道路,激发全民族文化创新创造活力,建设社会主义文化强国",党的十九届五中全会明确提出到2035 年建成文化强国的远景目标,党的二十大更是提出"推进文化自信自强,铸就社会主义文化新辉煌",文化强国建设的时间表和路线图日渐清晰。

党的二十大明确了中国文化建设的发展目标,在原有的文化自信的基础上,第一次提出"文化自信自强"的核心概念。可以说,新时代中国特色社会主义文化建设正是在建设社会主义文化强国的伟大征程上不断迈进、全面展开的。在这个伟大的历史过程中,中华优秀传统文化为推动全面建设社会主义文化强国提供了行动的指南,为新时代的文化强国建设明确了前进和发展的方向,发挥着重要的引领作用,成为建设社会主义文化强国过程中重要的思想来源。

当前,世界百年未有之大变局正加速演进,在国与国之间综合国力的竞争中,文化软实力的地位和作用正越来越清晰地显现出来。文化,就是一个国家文化软实力的重要标志,发扬中华民族优秀的文化传统,就是要凸显我国传统文化所具有的文化魅力。中华民族,只有立足于自身的文化传统,才能让世界真正了解中国,也才能让中国真正走向世界。因此,着力提高我国自身的文化软实力,直接关系到我国在世界文化格局中的地位及全球影响力。只有不断提升自己的文化软实力,努力建成社会主义文化强国,我们才能在世界百年未有之大变局的时代背景下,站稳脚跟,奋勇前进,推进中华民族伟大复兴的中国梦的实现。中华优秀传统文化对文化强国建设的意义,主要体现在以下几个方面。

首先,中华优秀传统文化能够凝聚国家精神。建设社会主义文化强国,需要中华民族具有强大的凝聚力,而中华优秀传统文化是与中华民族的历史紧密相连的,是中华民族在漫长历史中不断积淀、传承而来的宝贵的精神和文化财富。中华优秀传统文化的传承与弘扬,不仅可以帮助人们找到自己的文化根源和文化自信,更可以凝聚中华民族的共同精神,丰富国家的精神内涵,进而促进中华民族的团结与发展。

其次,中华优秀传统文化能提高国家文化软实力。中华优秀传统文化是中国文化的核心和精髓,是中华民族文化的重要组成部分。随着中国的崛起,文化交流与输出越来越重要,优秀传统文化的传承与弘扬成为提高国家文化软实力的重要途径。如今,随着全球化的深入发展,中西方文化交流越来越频繁,中国传统文化也越来越受到西方民众的关注。中华优秀传统文化的输出,可以树立中国良好的国际形象,使世界更好地了解和认识中国,巩固和发展中国与各国的友好关系,从而提高中国的文化软实力和国际影响力。

最后,中华优秀传统文化可以引领时代潮流,推动社会进步。随着社会的发展,人们越来越注重文化的审美价值和精神性价值,这也引导着中华传统文化的回归与激活。中华优秀传统文化作为千百年来积淀下来的文化遗产,具有非常广泛的文化渗透力和历史感召力。当今,文化的多样化与个性化正在成为全球性的潮流,因此,中华优秀传统文化也会在现代社会中找到新的生命力与体现。中华优秀传统文化中的"和为贵""天人合一""和而不同""天下为公""言必信,行必果""己所不欲,勿施于人"等思想既是中华文化的精神内核,又是世界各国人民普遍能够接受的文化共识。中华优秀传统文化中蕴含的崇尚自然、追求和谐、尊重生命等理念,可以为现代中国的文化建设提供长远借鉴,也可以为全球文化交流和包容提供宝贵的经验。

"求木之长者,必固其根本。"中华优秀传统文化是中华民族在数千年历史中沉淀创造的文化瑰宝,影响广泛,成为当前我们建设社会主义文化强国的强大底气。中华优秀传统文化既植根于中国大地,同时又吸收世界先进文明,与时代同步、与人民同心、与世界同频,具有强大的生命力。

中华优秀传统文化的传承与发展十分重要。中华优秀传统文化中所体现出来的国家至上、集体主义、伦理精神、仁者爱人、忠恕之道等,无论在过去、现在,还是未来,都鲜明地体现了中华民族独特的民族气质,具有永不褪色的价值和意义。中华优秀传统文化中所蕴含的政治思想、伦理道德、哲学价值、美学追求,已经成为深入中国人骨髓的文化基因,深刻影响着中国人的思维方式和行为活动,为中国人认识世界和改造世界提供方法和角度,为治国理政提供方向,为道德建设提供标准,成为中国人日用而不自觉的精神财富。今天,中国人所表现出来的文化自信,正是在始终继承和弘扬中华优秀传统文化的基础上才能实现的;社会主义文化迸发出的磅礴生命力,正是中华优秀传统文化生命力的体现。中华优秀传统文化独有的价值目标、治理智慧、政治理念,对今天的社会主义文化建设有非凡意义。因此,要不断挖掘中华优秀传统文化的价值内容,赋予其更多的时代特色;要更加重视中华优秀传统文化的传承和弘扬,并将其精髓与现代文化相融合,使中华优秀传统文化成为建设社会主义文化强国的强大推动力。

四、实现教育强国和人的全面发展

社会主义现代化强国建设的一个分支目标就是要建设社会主义教育强国,培养德、智、体、美、劳全面发展的优秀人才,实现人的全面发展。实现这两个目标,需要的措施很多,其中之一就是用中华优秀传统文化开展育人工作。

2019 年,中共中央、国务院印发了《中国教育现代化 2035》,其中明确提出,到 2035 年,总体实现教育现代化,迈入教育强国行列,推动我国成为学习大国、人力资源强国和人才强国,为到本世纪(21 世纪)中叶建成富强民主文明和谐美丽的社会主义现代化强国奠定坚实基础。该文件为中国教育现代化和教育强国建设确定了总体思路、战略任务、实施路径和保障措施。

建设教育强国,中华优秀传统文化在其中发挥着不可或缺的重要作用。一方面,建设教育强国需要发挥各种教育资源的教育功能,中华优秀传统文化具有丰富的教育资源,尤其是其中丰富的人文资源,对塑造新时代大学生的人文素养、道德情操有十分重要的意义。中华优秀传统文化能够助力当代中国教育强国建设。另一方面,建设教育强国能够使中华优秀传统文化的育人功能得到更好发挥。

实现人的全面发展,培养新时代建设人才,必须要强调"德才兼备,知行合一"。

德才之中,以德为本。《管子·立政》中说:"君之所审者三:一曰德不当其位;二曰功不当其禄;三曰能不当其官。此三本者,治乱之原也。"孔子认为:"为政以德,譬如北辰,居其所而众星拱之。"这些都是在强调一个人要想在社会生活中实现自己的价值、有所建树,就必须要注重德行。才能,是人在社会生活中得以立足的技能表现。两者之中,德是灵魂,才是支撑。北宋政治家司马光认为:"惟才德兼者贤士也""聪察强毅之谓才,正直中和之谓德。才者,德之资也;德者,才之帅也"。唐太宗李世民也有"君子用人如器,各取所长"的观点。

作为新时代的建设者和接班人,要从中华优秀传统文化中汲取养分,尤其要注重对自身德行的培养,增强历史自觉,坚定文化自信,提升民族自豪感、身心健康、品学兼优,自觉把弘扬中华优秀传统文化当作使命,努力使自己成为合格的新时代的建设人才。

"蓬生麻中,不扶自直。"中华优秀传统文化具有"润物细无声"的育人作用,使人在中华优秀传统文化的熏陶与感染下,潜移默化地将人生哲理、处世道理等内化至个人内心,并成为指导人行为的道德准则。中华文明作为人类历史上唯一没有中断过的文明,在其历史发展的长河中,积累了大量优秀的思想文化瑰宝,富含对中华民族影响至深的道德规范与人文精神,这些有益的文化资源,对中华民族的个人修养和国民素质的提升有突出的优势。在实现教育强国的过程中,我们更应该在中华优秀传统文化深厚底蕴的支撑下,强化个人修养,厚植道德情怀,最终实现教育强国的目标和人的全面发展。

五、激发实现中华民族伟大复兴中国梦的文化先导力

2012年11月29日,中共中央总书记、国家主席、中央军委主席习近平在中国国家博物馆参观《复兴之路》展览时,向世界庄严宣告:"实现中华民族伟大复兴,就是中华民族近代以来最伟大的梦想。"中国梦是国家的梦、民族的梦,也是个人的梦,其本质就是要实现国家富强、民族振兴、人民幸福。要实现这一宏伟目标,必须坚持中国道路、弘扬中国精神、凝聚中国力量。

实现中华民族伟大复兴的中国梦,离不开中华优秀传统文化的积极作用。在这一过程中,文化精神展现其巨大的激励作用,文化作为一面旗帜,给中华民族以文化的自信,推动中华民族生生不息,向前发展。在中华优秀传统文化中,"天下兴亡,匹夫有责"的家国情怀,向我们展示了奉献精神和爱国情怀;"刚健有为,自强不息"的精神气质,向我们展示了艰苦奋斗和坚韧不屈的精神;"钓而不纲,弋不射宿"的生态伦理,向我们展示了环保意识

与和谐理念；"推己及人，忠恕之道"的道德修养，向我们展示了高尚的道德情操与健全的人格特质。这些都为中华民族实现伟大复兴的中国梦提供了丰富的精神财富，奠定了广泛的思想基础。

中华优秀传统文化有利于增强中华民族的自信心。近代之前，浸润于中华优秀传统文化中的中华儿女无比自信。但是，鸦片战争以后的中国内忧外患、国土沦丧、四分五裂、民心涣散，"国不知有民，民不知有国"。孙中山先生也曾无奈地说："中国虽四万万之众，实等于一盘散沙。"这种状态，实则是中华优秀传统文化的失落，中华民族失去了根、失去了魂。为了改变这一现状，无数仁人志士"位卑未敢忘忧国"，不屈不挠，前仆后继，为使中华民族走出内忧外患、重塑民族自信进行了不屈的斗争。中国共产党成立以后，中华民族重新挺起了民族的脊梁。"国家兴亡、匹夫有责""与时俱进、自强不息"等中华优秀传统文化中的精神信念、人文情怀，已经成为固化在中国人血脉中的民族基因，融入实现中华民族伟大复兴中国梦的奋斗历程中。中华民族在革命和建设的过程中，重拾信心，确立自信，以中华优秀传统文化立根铸魂，使中华民族实现了从站起来、富起来到强起来的伟大转变。

中华民族优秀传统文化，有利于增强中华民族的自豪感。在人类通往文明的进程中，曾经有两条道路引人注目：其一，是西方走向文明的"新航路"；其二，是中国走向发展的"丝绸之路"。伴随着新航路而来的，是残酷的战争，是罪恶的奴隶贸易，是对全球资源的无耻掠夺；而中国的丝绸之路，是和平的道路，是文明的道路，是共同发展的道路。今天，中华民族以和平的姿态强势崛起，成为当今世界有地位、有影响的重要力量，不是靠穷兵黩武，更不是靠对外扩张，而是靠着自己的努力与奋斗，自强不息，与人为善。这种民族精神，是中华优秀传统文化赋予我们的。今天中国的迅猛发展，给世界上那些想发展却不知如何发展的国家提供了破解困局的"中国智慧"，贡献了促进发展的"中国方案"。

根植于中华优秀传统文化的中国梦，其核心目标是实现中华民族的伟大复兴，因此，中华优秀传统文化也被赋予新的时代内涵。实现中国梦是当今社会的主流意识形态与价值取向，决定着中国未来的发展方向。一直以来，中国秉持着协和万邦的理念，"穷则独善其身，富则兼济天下"。中华优秀传统文化赋予中华民族的中国力量、中国价值及中国精神，在解决文明隔阂、文明冲突，促进文明交流、文明互鉴中发挥了独特的作用。中华优秀传统文化贡献给全人类的精神力量，展现着中国智慧，体现着大国担当，激励着我们不断前行，凝聚起实现中华民族伟大复兴中国梦的磅礴力量。

第三章 中华优秀传统文化中的教育资源

中华优秀传统文化之所以能够发挥育人功能和作用,一个根本性的前提就是它拥有丰富的教育资源与文化资源。这些教育资源主要有道德与礼仪教育资源、政治教育资源、文史哲学教育资源、艺体科技教育资源等,这些教育资源在铸魂育人的过程中,发挥着极其重要的作用。

第一节 中华优秀传统文化中的道德与礼仪教育资源

中华优秀传统文化是一种以道德伦理为核心的文化系统,因而含有丰富的教育资源。中华民族是一个礼仪之邦,其文化传统中包含各种礼仪规范,这些道德与礼仪教育资源对当今高校教育有积极的现实意义。

一、中华优秀传统文化对道德境界的追求

中华优秀传统文化有关道德礼仪的内容,构成了中华民族的传统美德,是悠悠中华五千年文明史的历史沉淀,在其延续和发展过程中继承与弘扬、不断创新,形成的有益于中华民族的优秀文化遗产。中华优秀传统文化也是中华儿女几千年来处理人与人、人与社会,以及人与自然关系的实践结晶。

中华优秀传统文化对道德境界的追求主要体现在以下几个方面:

其一,中华优秀传统文化注重个人修养,主张人们通过学习和自省来提升自己的道德境界,个人应该具备正确的价值观和行为准则,拥有社会责任感,并能够更好地适应社会的发展和变化;

其二,中华优秀传统文化提倡仁爱之道,强调人们应该关心他人、尊重长辈、爱护弱者、公正廉洁,培养同情心和博爱精神;

其三,中华优秀传统文化讲求修身齐家,认为修养自身、和谐家庭是提升道德境界的重要途径,通过遵守各种礼仪形式和道德准则传承和发展伦理秩序;

其四,中华优秀传统文化强调知行合一,即理论和实践相结合,人们应该将所学的知识和道理应用到实际生活中,通过实践来验证己身,不断修正自己的行为。

总之,中华优秀传统文化对道德境界的追求是以个人修养、仁爱之道、修身齐家和知行合一为主要路径,重视道德教育与礼仪传承,既关注个体的身心修养、道德素养,即"内圣"的培养,又关注道德的外化表现,提倡入世、有为,即"外王"的境界,旨在培养具有高尚品德和完善道德的人,这对整个社会的发展和进步都有积极的影响。

中华优秀传统文化非常强调人内在的道德修养与道德境界,追求一种"成贤成圣"的人格目标,而修身自省是提升个人道德境界的重要途径。此外,中华优秀传统文化还强调"仁爱""境界""实践""责任"等道德价值观念,这些价值观念都是内在的、深刻的,要求人们从内心深处出发,以真诚的态度去实践道德规范,从而达到道德境界的提升。

1. 中华民族传统美德特别强调"做人"

在中华传统文化浸润下成长起来的古代读书人,通常有两个目标:

其一,"学而优则仕",把自己对待人生的积极有为的态度,通过读书人

的世俗追求——"做官"体现出来；

其二，读书人追求的人格境界——"做人"。

中华传统文化认为，一个人立身于世，之所以能够称其为人，道德素养与精神境界是基本的评判标准。孟子曾说："无恻隐之心，非人也；无羞恶之心，非人也；无辞让之心，非人也；无是非之心，非人也。"一个人要想成为一个为社会所认同的"人"，就必须要通过道德教育，具备一定的道德修养，内化为一个有道德的人格意义上的"人"。儒家思想提倡人要以"君子"的标准去"修身养性"，倡导"仁义礼智信"，以此彰显人性之善。

2. 中华民族传统美德提倡"仁爱思想"

仁爱思想是中华优秀传统文化的一个重要组成部分，强调人内在的道德境界和道德修养。仁爱思想主张关心他人、爱护他人、尊重他人，以仁爱之心对待所有人，甚至对待自然界的一切生命。

仁爱思想早在尧舜禹时期就被皋陶提出，后来被伊尹、姜尚、管仲、老聃等众多先贤所论述，并由孔子、孟子等传承发展。孔子将仁爱思想作为其伦理道德体系的最高原则，强调人们应该具备仁爱之心，尊重他人、关心他人、帮助他人，以实现社会和谐、共同发展的目标。

除了儒家，墨子提出了平等的仁爱思想，即"兼爱"思想，强调爱无等差，每个人都应该被平等对待、不分厚薄亲疏。惠施提出了超越人类的泛仁思想，即"泛爱万物，天地一体"的思想，强调人应该热爱自然、保护自然。

总之，仁爱思想是中华优秀传统文化的核心思想之一，强调人内在的道德境界和道德修养，主张关心他人、爱护他人、尊重他人，以仁爱之心对待所有人和自然。这种思想对构建和谐社会、促进人类共同发展有重要的指导作用。

3. 中华民族传统美德强调"内省"

中华民族是一个懂得内省的民族，这是儒家所主张的一种道德修养方式。儒家认为，道德的养成除了外在的言行要符合道德规范外，更重要的是内在道德意识的确立。因此，在关注人的言行举止的同时，儒家更重视内心的修养，主张通过不断内省确立并持守内在的道德意识。

内省是中国传统道德文化中提升个体道德修养、获取智慧的有效方法。内省是指自我反省，对自己的思想、行为、情感等方面进行反思和检视。通过内省，人们可以发现自己的不足和错误，进而提高自己的道德修养。

曾子曰："吾日三省吾身：为人谋而不忠乎？与朋友交而不信乎？传不习乎？"通过内省，反求诸己，提升自己的道德境界，净化自己的心灵，以达到求贤求圣的目的。孟子也认为:"仁义礼智,非由外铄我也,我固有之也,弗思耳矣。故曰:'求则得之,舍则失之。'"孟子强调道德的提升需要从自己的内心出发,通过内省,主动追求道德,就能启发内心本来的良知,使自己在社会生活中符合道德规范。

总之,中华民族传统美德强调内省,主张通过自我反省、修身养性、知行合一等方式,提高自己的道德修养,实现道德的自我完善和人生价值。

4.中华民族传统美德强调"知行合一"

中华民族传统美德强调知行合一,是指将道德观念和道德行为融为一体,即认识道德理念、实践道德行为、拥有道德情感。知行合一是一种道德追求,是中华传统美德的重要组成部分。

在知行合一的理念中,"知"是指对道德观念的认识和了解,是对道德理论知识的学习和掌握;"行"是指实践道德的行为,是将道德理论转化为实际行动的过程。知行合一就是将知识和行为结合起来,做到理论与实践相结合,认识道德观念的同时也实践道德行为。

知行合一是一种道德性、实践性、整体性、主体性的追求,强调道德观念和道德行为的统一和融合,是中华传统美德的核心要素之一。

中华传统美德把人对德行的追求、道德素养的养成作为最重要的目标,强调道德修养的重要性,认为道德是人们行为的基础和准则,是实现个人自由和社会和谐的关键。因此,中华传统美德追求的是道德境界和人格修养的统一,以达到社会的和谐与进步。

二、中华优秀传统文化的核心内容"五常"

中国素来以"礼仪之邦"而著称,重礼仪,贵德行。在中国文明发展的历史进程中,中华传统美德始终是中华民族赖以生存和发展的道德根基和思想基础,也是重要的精神支柱和精神动力。中华传统美德历经几千年之发展,从口耳相传到文字记载,内容丰富、博大精深,其核心价值理念和基本要求是儒家的"五常"——仁、义、礼、智、信。通过对"仁、义、礼、智、信"五个核心内容的建设,带动人类社会道德体系的构建和道德素养的提升。

1.仁

"仁"最早见于《尚书》的"克宽克仁,彰信兆民",本意为用宽恕仁爱之德行,获信于天下的百姓。"仁"最初指代的是亲人间的情感,《说文解字》中有"仁,亲也"的解释。随着历史的演进和发展,"仁"的含义得到了进一步扩展,由"亲人"发展到了"爱人",正如老子说的"与,善仁",意思是与人交往要友爱真诚。最终把"仁"阐述为一种人生至高境界的是孔子,他提出"志士仁人,无求生以害仁,有杀身以成仁",为了维护"仁",可以"杀身",即可以牺牲自己的生命来维护这一道德理念。由此可见,在"仁"的情感范围由家族扩展到社会的同时,"仁"的道德内涵和道德地位也得到了进一步丰富和提升,成为中华民族传统美德的第一要素。

"仁",是中华传统美德中以仁爱、仁慈、仁义等为基本内涵的一种德行和境界。具体来说,"仁"包含以下几个方面的内容:仁爱,以爱心为基础,对他人、对事物、对生命等都持有关爱和尊重的态度;仁慈,以慈悲心为基础,对他人施以宽容、谅解、救助等行为,以及对万物加以保护和关爱;仁义,以道义为核心,追求公正、正义、诚实等价值,维护社会公序良俗,促进社会和谐发展;仁厚,以宽厚为特征,对待他人宽容、包容、厚道,不计较个人得失,追求和谐的人际关系;仁德,以德行为基础,追求个人道德完善,注重个人修养和品德的提升。

2. 义

"义"是指公正、正义、公道、无私等道德品质,贯穿中华文明的历史长河。"义",原指人的仪表,《说文解字》解释为"义,己之威仪也,从我从羊",意思是说,"义"是一个人的外在形象和内在涵养,是一种由自己决定的善与美。中国古人认为羊是一种美好事物的象征,因此,在造字的时候,把"羊"用在最美好的事物上,如"美""善"等,以表达美好之意。古人强调的"义",就是一种美好善良的境界和正直正义的气节。孔子主张"杀身成仁",孟子推崇"舍生取义",说明孟子是把"义"和"仁"放在同等重要的位置上来认识的。在今天,人们仍然用"仁义"来夸奖他人,可见,在"五常"中,"仁"和"义"是最核心、最基本的。

具体来说,"义"包含以下几个方面的内容:公正,做事公正、公平,不偏袒任何一方,维护公正、公平的秩序;正义,秉持正义,勇于维护社会的正义和公正,对不义之事敢于反抗;公道,讲究公道、公理,不以私欲、私利干扰公道的实施;无私奉献,以大义为先,为民族、为国家、为人民的利益而奋斗;情义,人与人之间相互关心、相互帮助,有情有义,不背信弃义。

总之,"义"是中华优秀传统文化中重要的价值观念之一,正义、公道、无私奉献等道德品质,是人类文明的重要组成部分。

3. 礼

"礼",即"礼仪之规",是指礼貌、礼仪和礼节的规矩。《礼记·表记》中说"殷人尊神,率民以事神,先鬼而后礼",就是原始社会先民祭神祈福的一种习俗和仪式。随着社会的进一步发展,"礼"开始作为一种规范而存在,如在《礼记·表记》中说"周人尊礼尚施,事鬼敬神而远之,近人而忠焉",是说在周朝人们开始"制礼作乐",规范礼仪,并对不同的礼仪所使用的时间、场所、程序等做了要求,开始提倡以"礼乐"治天下。春秋战国时期,"礼"的内容又有了创新性发展,开始将"礼"作为道德准则加以提倡。《诗经》中开始有"相鼠有皮,人而无仪;人而无仪,不死何为"这样的表达。孔子也说"克己复礼为仁",意思是每个人都应克制自己不正当的欲望、冲动的情绪和不正确的言行,做到"非礼勿视,非礼勿听,非礼勿言,非礼勿动",使自己的言行举止符合"礼"的基本要求。此时的"礼",已经作为一种道德标准和道德要求,被放在了非常重要的位置上加以倡导、规范、尊崇。管仲更是提出了"礼义廉耻,国之四维"的治国理念,把"礼"放在道德规范之首,作为国家治理的基本理念。这些都表明"礼"已经由原来的习俗和仪式逐步规范为道德教化和道德理念,升华为治国的四大要素之首。中国是礼仪之邦,是文明古国,向来把"礼"放在重要的位置上,可见,"礼"在中华传统美德中有重要的地位。

具体来说,"礼"包含以下几个方面的内容:礼仪,即人要遵守的各种礼节和仪式规范,如祭祀、宴请、社交等的礼仪;礼貌,待人接物要有礼貌,言语得体,态度谦和,表现出教养;礼节,遵守各种场合的礼节规定,如鞠躬、握手、献哈达、鸣礼炮等;尊重,尊重他人的人格、权利、意见和隐私等,不侮辱、不歧视、不侵犯他人的权利和尊严;和谐,以和谐为目标,协调和处理人与人之间的关系,化解矛盾,营造和谐的社会环境。

总之,"礼"是中华优秀传统文化中重要的价值观念之一,强调人与人之间的和谐关系和文明礼貌,是社会交往和人际关系的基础。

4. 智

"智"是指智慧、见识、通达等,强调人们应该追求智慧和通达,具备判断力、思考力和自我认知等能力,即"智谋之力"。"智"作为中华传统美德的五大基本要素之一,很早就出现在史籍记载里。孔子有云:"君子道者三,我无能焉:仁者不忧,知者不惑,勇者不惧。"《礼记·中庸》云:"知、仁、勇三者,天下之达德也。"《论语》中也有"知之为知之,不知为不知,是知也",讲的是对待学问应当有实事求是的态度,这样才是真正的智慧。

具体来说,"智"包含以下几个方面的内容:智慧,具备广博的知识和深刻的见解,能够把握事物的本质和规律,做出明智的决策和判断;明智,具备正确的判断力和思考力,能够理性地分析问题,把握问题的本质和核心;通达,具备广阔的胸怀和开阔的视野,能够包容和理解不同的观点和思想,不偏执、不狭隘;学习,持续学习和积累知识,不断提高自己的能力和素质,不断适应变化的环境和事物;自省,经常进行自我反思和审视,发现自己的不足和缺点,不断改进和提升自我。

孔子和孟子丰富了"智"的具体思想内容,提升了"智"作为一种道德要求在道德规范中的地位,使之成为一个具有普遍意义的新的道德概念和价值取向,成为对人们思想道德和文明素质方面最基本的要求之一。

总之,"智"是中华优秀传统文化中重要的价值观念之一,强调人们应有"智谋之力",它是实现个人成长和社会进步的重要基础。

5. 信

"信"是指诚信、信任、信誉、守诺等,强调人们应该守信用、讲信誉,追求诚信和信任,它不仅是对个人的基本道德要求,即要求人们在行为上要诚实和守信,同时也反映出人与人之间、人与物之间相互信赖的关系。

很早就有关于"信"的阐述和记载。《左传·僖公二十五年》中说:"信,国之宝也,民之所庇也。"此处的"信",是一个国家最宝贵的财富,也是庇佑老百姓的重要基础。老子云:"言,善信。"此处的意思是要恪守信用。孔子说的"言必信,行必果""敬事而信",把诚信看作做人立世、处世的基本规范。孟子"诚者,天之道也。思诚者,人之道也。至诚而不动者,未之有也;不诚,未有能动者也"的阐述,则把诚信看作做人的准则和社会的基石。

具体来说,"信"包含以下几个方面的内容:诚信,做事诚实、正直,不欺骗、不欺诈,对他人诚信、对自己诚信;信任,建立良好的信任关系,不怀疑他人、不猜疑他人,对他人有信心、对社会有信心;信誉,保持好的信誉,不做不良行为,不传递不良信息,不受不良影响;守诺,信守诺言,不说大话、不食言,对自己的承诺负责,对别人的承诺负责;公正,以公正的态度做事,不偏袒、不偏私,维护公正、公平的秩序。

从古至今,中国人一直把"信"作为一项中华民族的传统美德,成为存在于中华民族生生不息的思想文化沃土上的"常青树"。总之,"信"是中华优秀传统文化中重要的价值观念之一,强调人们应该守信用、讲信誉,追求诚信和信任。

"五常"中"仁、义、礼、智、信"相互关联、相互依存、相互支撑,共同构成了中华传统美德的根基。

从其内涵来看,"仁"主要关注人与人之间的相互关怀、相互尊重和相互爱护的情感,是世间万物共生、和谐相处、协调发展的一种道德规范;"义"是超越自我、正视现实、仗义公道的做人态度;"礼"是建立人际关系、社会秩序的一种标准和规则;"智"是人认识自己、了解社会、解决矛盾、处理问题的眼光和能力;"信"是人们交往和处事的道德准则。这五种道德要求,共同构成了中华优秀传统文化的核心价值理念和基本要求,是我们要遵循的最重要的五种社会道德规范。

"仁、义、礼、智、信"在中华民族道德建设的长河中居本源和主导地位,是带动整个社会道德体系发展和社会道德水平提升的最重要的道德要求。

总之,"五常"是相互联系的,仁、义、礼、智、信共同构成了人类社会的道德基础,促进人类社会的发展和进步,推动社会和谐、公正、平等、文明和繁荣。同时,仁、义、礼、智、信也是个人道德修养的重要内容,能够提高个人的道德水平和素质,促进个人的成长和进步。

三、中华优秀传统文化的育人价值

中华优秀传统文化具有深刻的育人价值,主要体现在以下几个方面。

其一,营造向上的精神氛围。中华优秀传统文化,倡导"格物、致知、诚意、正心、修身、齐家、治国、平天下",是个人进行道德修养和立身治世的八个步骤,能够营造积极向上的精神氛围,构建起社会生活的行为准则。

其二,促进和谐的社会关系。中华优秀传统文化,主张互相尊重、理解、宽容、包容,强调人与人之间的和谐关系,有助于社会的和谐稳定。在构建社会主义和谐社会的过程中,道德建设无疑是重要的精神基石和有力抓手。一个社会能否和谐安定,一个国家能否长治久安,很大程度上取决于全体社会成员的思想道德水平。

其三,提升自我的道德素质。梁启超在《新民说》一书中曾说:"中国要想建设一个新国家,必须先要有新民。新民是不同于旧时的中国人,必须要具备几个条件,最必需的条件就是公德。"社会的发展对人的道德素质提出了新的要求,进行道德建设需要从中华民族道德文化的优秀传统中汲取养分,传承创新。中华优秀传统文化注重个人修养、自我完善,有助于提升个人素质,提高自我价值。

总之,中华优秀传统文化具有深刻的育人价值,能够激励人们追求向上、向善,促进社会和谐、人际关系和谐,提升个人素质、提高自我价值,推动社会的发展和进步。

第二节　中华优秀传统文化中的政治教育资源

中华民族创造了灿烂的中华文化,积累了丰富的治国理政经验和智慧。习近平总书记深刻指出:"中华民族有着五千多年的文明史,我们要敬仰中华优秀传统文化,坚定文化自信。要善于从中华优秀传统文化中汲取治国理政的理念和思维。"党的十八大以来,习近平总书记高度重视中华优秀传统文化的继承与弘扬,要求各级领导干部注重学习历史,结合我们正在干的事业和正在做的事情,善于借鉴历史上治理国家和社会的各种有益经验,不断提升人文素养和精神境界。

一、"民惟邦本,本固邦宁"的民本理念

"民惟邦本,本固邦宁"是中华优秀传统文化中的一种政治观念,它强调人民是国家的根本,只有固本强基,国家才能安宁稳定。"民惟邦本,本固邦宁"的古训,把人民看作国家稳定发展的基石,认为人心向背是统治成功与否的关键所在,也是"天命"最实质的内容。"悠悠万事,民生为大",民生问题解决得好坏决定着国之命运。

民本思想最早萌芽于中国的商周时代。据《尚书·虞书·皋陶谟》记载:"天聪明,自我民聪明;天明畏,自我民明威。达于上下,敬哉有土!"《尚书·泰誓》说:"天视自我民视,天听自我民听。"此处实际上反映的是一种敬德保民的思想,把"天"的意志与"民"的意志结合起来。《尚书·五子之歌》提出的"民惟邦本,本固邦宁"的思想,已经对民本理念有深刻的认识。

此后,民本主义思想得到不断阐释和发展,其内涵日渐丰富,思想理论体系不断完善,并在政治实践中逐渐走向成熟。

中国古代的政治家、思想家都明确认识到人民对国家兴衰、社会治乱的巨大作用。《管子·牧民》中提出:"政之所兴,在顺民心。政之所废,在逆民心。"唐太宗李世民对民本思想的概括更为精辟:"为君之道,必须先存百姓,若损百姓以奉其身,犹割股以啖腹,腹饱而身毙。"在实际的政治实践中,历代政治家高度重视亲民、敬德保民、休养生息等政策措施。

"民惟邦本,本固邦宁"的民本思想,作为中国传统政治思想的重要组成

部分,强调人民是国家稳定和发展的基础和根本,因此,在实际的治国理政过程中,必须要重视人民的需求和利益,关注人民的生活和诉求,进而得到人民的支持和信任。中国古代的政治理念与价值认同,反映的一种朴素的民本主义观念,也是中国人数千年治国理政的核心价值,对于当今政治文明建设依然具有重要的借鉴意义,它时刻提醒我们,在新时代实现中华民族伟大复兴中国梦的进程中,应该牢记以人民为中心、为人民服务。此外,作为一个社会化的人、一个公民,我们每一个人都应该关注国家事务,积极参与国家建设和发展,为国家的繁荣和稳定贡献自己的力量。

中华优秀传统文化中的民本主义思想与今天的"全心全意为人民服务""以人民为中心"有着本质的不同。虽然二者都强调要重视人民的需求,强调人民对于政权的重要意义,要在政治实践中亲民、爱民、惠民、保民、富民,但是其根本出发点是不同的:传统文化中的民本主义思想,重视人民的需求,其根本出发点是为了让老百姓能够服从统治,以实现其统治的稳定长久;中国共产党成立以后,无论是毛泽东同志提出的"全心全意为人民服务",还是习近平总书记提出的"以人民为中心",其根本出发点都真正是从人民的利益出发,最终实现人民幸福。

尽管二者有着本质的不同,但中国传统文化中的民本主义思想还是为我们提供了丰富的治国理政的政治教育资源。毛泽东同志提出的"全心全意为人民服务",就是对中国传统民本主义思想的继承和发展。

为人民服务是指为人民的利益而工作的思想和行为,是由毛泽东同志最先提出的。1944年9月8日,毛泽东同志在为战士张思德举行的追悼大会上,做了一次著名的演讲,这个演讲经整理后以《为人民服务》为题发表在延安《解放日报》和国民党统治区《新华日报》等报纸上。在这次演讲中,毛泽东同志第一次从理论上深刻阐明了为人民服务的思想。此后,"为人民服务"作为共产主义道德的基本特征和规范之一,也是中国共产党党员和中华人民共和国国家机关及其工作人员的法定义务。

毛泽东同志之后的历届领导人,都在其治国理政的实践中坚持并不断发展"全心全意为人民服务"的思想。邓小平同志强调要以"人民拥护不拥护""人民赞成不赞成""人民高兴不高兴""人民答应不答应"来检验"全心全意为人民服务"的效果;江泽民同志明确提出,贯彻"三个代表"重要思想,关键在坚持与时俱进,核心在坚持党的先进性,本质在坚持执政为民;胡锦涛同志进一步强调,党员干部一定要做到权为民所用、情为民所系、利为民所谋。

党的十八大以来,习近平总书记在继承和发展"全心全意为人民服务"的基础上,结合中国实际,继续深化"人民群众是历史创造者"这一基本原理,并在借鉴中国传统民本思想合理内核的基础上,创造性地提出要坚持"以人民为中心"的发展理念,丰富和发展了中国特色社会主义理论体系中的人民主体理念。

"以人民为中心"出自党的十九大报告,是习近平新时代中国特色社会主义思想的重要内容。2015年10月29日,在党的十八届五中全会上,习近平总书记明确提出坚持以人民为中心的发展思想,强调"我们必须坚持发展为了人民、发展依靠人民、发展成果由人民共享,做出更有效的制度安排,使全体人民朝着共同富裕方向稳步前进,绝不能出现'富者累巨万,而贫者食糟糠'的现象"。习近平总书记指出:"始终坚持全心全意为人民服务的根本宗旨,是我们党始终得到人民拥护和爱戴的根本原因,对于充分发挥党密切联系群众的优势至关重要。我们任何时候都必须把人民利益放在第一位,把实现好、维护好、发展好最广大人民根本利益作为一切工作的出发点和落脚点。"党的十九大报告对坚持"以人民为中心"这一重要命题进行深入阐述:"人民是历史的创造者,是决定党和国家前途命运的根本力量。必须坚持人民主体地位,坚持立党为公、执政为民,践行全心全意为人民服务的根本宗旨,把党的群众路线贯彻到治国理政全部活动之中,把人民对美好生活的向往作为奋斗目标,依靠人民创造历史伟业。"党的二十大报告全文更是四次提到"以人民为中心"一词。由此可见,"以人民为中心"的思想贯穿于中国共产党治国理政的全域、全过程,是中国式现代化紧紧围绕的中心。

总之,"民惟邦本,本固邦宁"是中华优秀传统文化中的一种政治观念,强调人民是国家的基础和根本,只有重视人民的需求和利益,加强国家建设,才能实现国家的繁荣和稳定。

二、"为政之要,惟在得人"的重贤理念

"为政之要,惟在得人"是中华优秀传统文化中的一种政治观念,它强调治理国家的关键在于得到合适的人才,人才是推动国家发展和进步的重要力量。

"治国之道,务在举贤""得贤则昌,失贤则亡",是中国古代政治家和思想家的主流意识和价值认同。《孟子·告子下》说:"不用贤则亡。"《荀子·君道》说:"得其人则存,失其人则亡。"《吕氏春秋·慎行》说:"身定、国安、

天下治,必贤人。"《旧唐书·食货志上》记载:"设官分职,选贤任能,得其人则有益于国家,非其才则贻患于黎庶,此又不可不知也。"可见,选贤任能在国家政治运行中地位之重、作用之大。

"为政之要,惟在得人"的选人用人思想与制度,彰显出中华民族自古以来重视人才的为政之道,至今仍具有参考意义。

人才是衡量一个国家综合国力的重要标准,是创新之核、发展之要、强国之基。今天,综合国力的竞争归根结底是人才的竞争,谁能培养和吸引更多优秀人才,谁就能在日趋激烈的国际竞争中抢得先机。纵观现代国家崛起的轨迹,以人才引领发展在国家实现赶超中起着关键作用。

因此,实现中华民族伟大复兴,人才是关键。《中共中央关于党的百年奋斗重大成就和历史经验的决议》指出:"要源源不断培养造就爱国奉献、勇于创新的优秀人才,真心爱才、悉心育才、精心用才,把各方面优秀人才集聚到党和人民的伟大奋斗中来。"要坚持党对人才工作的全面领导,把人才资源开发与引进放在最优先位置,聚天下英才而用之。

"今天,我们比历史上任何时期都更接近、更有信心和能力实现中华民族伟大复兴的目标。"同时,我们也比历史上任何时期更需要人才、渴求人才,比历史上任何时期都更希望把各方面优秀人才集聚到党和人民的伟大奋斗中来。当下,我们正处于实现第二个百年目标的"关键一程",人才在社会发展中已经越来越显现出其重要的意义和价值,对国家与民族事业发展所起的作用也越来越大,与中华民族的伟大复兴同频共振。

回望我国改革开放40多年以来经济的快速发展,我们发现,任何资源消耗、投资驱动、规模扩张的发展模式,其空间已越来越小,转型升级、进行供给侧结构性改革成为促进经济发展的重要举措,这对人才的要求也不断提高。实践证明,依靠科技和人才,实施创新驱动发展,是避免陷入"中等收入陷阱"的战略选择。进入新时代以来,国与国之间的综合国力的竞争,主要体现在科技和人才的竞争上,竞争日趋激烈,对于人才的要求就越高、越迫切。我们必须密切跟踪、迎头赶上,加快从要素驱动发展为主向创新驱动发展为主转变,更加突出人才在科技创新中的支撑引领作用,大力集聚和培养各方面的优秀人才,尤其是一大批创新人才,为实现创新驱动发展战略提供强大支撑。

总之,"为政之要,惟在得人"是中华优秀传统文化中的一种政治观念,强调人才对国家的重要性,以及政府应该注重人才的培养和选拔,为人才提供更好的发展机会和平台,实现国家的繁荣和稳定。

三、"大道之行，天下为公"的大同理念

"大道之行，天下为公"的大同理念，是一种天下大道、大同世界为天下之人所共享的理想社会，强调的是一种无私、平等、公正、和谐的社会秩序，所有人都平等地分享社会权利和责任，平等地被尊重和关爱。

大同是中国古代思想，出自《礼记·礼运》中的《大道之行也》，指人类最终可达到的理想世界，代表着人类对未来社会的美好憧憬，并逐渐发展成为中国古代思想中具有普遍意义的文化与价值取向。《尚书·尧典》说："克明俊德，以亲九族。九族既睦，平章百姓。百姓昭明，协和万邦。"这句话体现了中国古人对理想生活和大同世界的一种追求和向往。儒家经典著作《礼记》更是集中阐释了"小康"与"大同"的理想社会。天下为公，世界太平，这是中国传统社会古圣先贤们治国理政追求的价值目标，也是他们所向往的社会目标。

"大道之行也，天下为公"，体现了中国古代先贤心怀天下的广阔胸襟。《尚书·周官》说："以公灭私，民其允怀。"《吕氏春秋·贵公》对"天下为公"的思想观念进行了更为透彻的阐释，如"昔先圣王之治天下也，必先公，公则天下平矣""天下非一人之天下也，天下之天下也。阴阳之和，不长一类；甘露时雨，不私一物；万民之主，不阿一人"。儒家从"仁道"出发，憧憬"天下为公"，强调"立君为民""立君为公"，包含着超越时代的道德观念和政治理想。

在探寻实现天下大同的实现路径上，儒家的回答是"和而不同"。这个概念最早出自《论语》中的"君子和而不同，小人同而不和"，意思是说，君子之间虽然有不同的意见和观念，但是能够互相尊重、包容，协力前行；而小人之间虽然表面上意见一致，但是内心却互相矛盾、钩心斗角。此处的"和"，即万物和谐，各得其所，表示一种状态、一种秩序。《中庸》的"致中和，天地位焉，万物育焉"，其中的"和"是指人道所追求的和谐的最高目标，达到"太和""中和"的境界，自然、社会、人事就都和谐共处了。

"和而不同"是指在不同的意见、观念、文化等之间保持平等、尊重和对话，即使存在差异也能够达成共识，共同前进。"和而不同"的理念在今天也表现出其重要的意义和价值，回答了世界及人类的存在方式、发展方式的问题，是世界观与方法论，引领中国文化的多层次发展。

中国共产党不仅是要为中国人民谋幸福、为中华民族谋复兴，更要为人类谋进步、为世界谋大同。"国际社会日益成为一个你中有我、我中有你的

命运共同体。"人类只有一个地球,如何在这个地球上和平共处,如何在世界经济和全球性问题日益复杂的形势下共同发展,是每一个国家都要回答的问题。在当今文化多元的国际社会中,不同政治观点和意见、不同文化之间的交流和融合,只有在平等和尊重的基础上,才能达成共识,推动社会进步。"和而不同"给了我们重要的理念支撑。

2012年11月,党的十八大明确提出,"要倡导人类命运共同体意识"。党的二十大报告指出,"构建人类命运共同体是世界各国人民前途所在"。新时代的中国共产党人同各方力量携手前行,为解决人类重大问题,建设持久和平、普遍安全、共同繁荣、开放包容、清洁美丽的世界持续贡献中国智慧、中国方案、中国力量。面对世界百年未有之大变局,构建人类命运共同体的理念顺应历史发展趋势,迸发出澎湃的思想伟力,凝聚起世界人民求和平、谋发展、促合作的共同期盼,成为引领时代潮流和人类前进方向的鲜明旗帜。

从2013年在俄罗斯莫斯科国际关系学院的演讲中"开篇破题",到2015年在第七十届联合国大会一般性辩论上"立柱架梁",从2017年在联合国日内瓦总部系统阐释"五个世界"愿景,再到2020年倡导共同建设人类卫生健康共同体、2021年呼吁构建全球发展命运共同体、2022年提出共建人类安全共同体……习近平总书记始终着眼世界之问、历史之问、时代之问,不断丰富和拓展构建人类命运共同体理念的内涵外延,为人类携手应对重大危机和全球性挑战提供中国方案,汇聚共识与合力。

习近平总书记强调:"中国人历来主张'世界大同,天下一家'。中国人民不仅希望自己过得好,也希望各国人民过得好。"

面对近年来全球发展遭遇的严峻挑战,中国共产党从以人民为中心的发展思想出发,提出和践行全球发展倡议,有效凝聚了共促发展的国际共识,有力回应了全球性挑战和广大发展中国家的发展需求,得到100多个国家和包括联合国在内的多个国际组织的支持。"我们要倾听人民心声,顺应时代潮流,推动各国加强协调和合作,把本国人民利益同世界各国人民利益统一起来,朝着构建人类命运共同体的方向前行。"踏上新征程的中国共产党,正在以高质量发展推进中国式现代化,为各国提供发展新机遇。

习近平总书记指出:"在各国前途命运紧密相连的今天,不同文明包容共存、交流互鉴,在推动人类社会现代化进程、繁荣世界文明百花园中具有不可替代的作用。"中华文明的包容性决定了中华文化对世界文明兼收并蓄的开放胸怀。提出全球文明倡议,倡导尊重世界文明多样性,弘扬全人类共同价值,重视文明传承和创新,加强国际人文交流合作,是新时代中国为国际社会提供的又一重要公共产品。

习近平总书记指出:"推动构建人类命运共同体,不是以一种制度代替另一种制度,不是以一种文明代替另一种文明,而是不同社会制度、不同意识形态、不同历史文化、不同发展水平的国家在国际事务中利益共生、权利共享、责任共担,形成共建美好世界的最大公约数。"万物并育而不相害,道并行而不相悖。构建人类命运共同体理念倡导秉持平等和尊重,摒弃傲慢和偏见,搭建更多跨越文明隔阂的桥梁,促进各国人民相知相亲,共同建设人与自然和谐共生、经济与环境协同共进、世界各国共同发展的地球家园。埃及前总理埃萨姆·谢拉夫说,构建人类命运共同体理念是"人类文明向前发展的必然选择"。美国中美研究中心高级研究员苏拉布·古普塔认为,中国不将自己的价值观强加于人,而是倡导包容互鉴、共同前进,对世界和平与发展具有重要意义。

构建人类命运共同体理念,深刻诠释了和平与发展的真谛,反映了各国人民的共同心声,散发出超越时空的思想魅力,必将凝聚越来越多共识,推动人类社会迈向光明前程。

总之,"和而不同"是一种求同存异的思想原则,强调无私、平等、公正、和谐的社会秩序,通过仁爱和道德的力量,构建和谐国际关系,追求"大道之行,天下为公"的大同理念。

第三节　中华优秀传统文化中的文史哲学教育资源

文史哲是文学、历史和哲学等学科的简称,它们是文化素养的三大基石,是认知世界和理解人生的重要途径,也是推动历史发展的基础,是一种文化审美的主要特征。文、史、哲三者相互交织、相互影响,形成了不可分割的复杂关系。

历史是文学的资料素材,是哲学的反思基础;文学通过对历史事件的描述,表达了作者的个性观点,给历史赋予了丰满的内涵和深刻的意义;哲学是文史的理论基础,以系统的逻辑思维概括总结文史中发生的事件,并将其转化为驱动文史发展的原则。

　　文、史、哲三个学科有丰富的育人资源,为塑造人的人文精神、推动人的全面发展提供重要的资源支持。文学书写故事,让人超越时间和空间的限制,体验别人的情感和人生;历史记录结果,让人自己评判功过;哲学启迪智慧,让人思考人生的终极奥义。

一、中华优秀传统文化中的文学教育资源

　　文学是语言文字的艺术,是对美的体现,也是社会文化的重要表现形式,代表一个民族的艺术和智慧。中国文学起源于远古人类的生产、生活之中。原始人类在劳动生产过程中产生的劳动呼声和节奏,在农耕祭祀活动中产生的歌谣,在日常生活中流传的神话,都是中国文学的源泉。

　　中国文学,除了以独特的汉字和汉语艺术性地表现作者独特的心灵世界外,还具有独特的文学观念体系。这种观念体系受中国传统的思想体系支配,其思想渊源是孔子创立的儒家学派。

　　儒家思想主要在以下几个方面影响中国的民族性格和文化思想:

　　其一,以"修身、齐家、治国、平天下"为核心的入世思想;

　　其二,以"仁、义、礼、智、信"为标准的道德观念;

　　其三,以"天、地、君、亲、师"为次序的伦理观念;

　　其四,以"允执其中"为规范的中庸哲学。

　　在这种思想的支配下,以教化为功用的中国文学在内容上偏重于政治主题和伦理道德主题,如君臣遇合、民生苦乐、宦海浮沉、战争胜败、国家兴亡、人生聚散、纲常序乱、伦理向背等,一直是中国文学的主旋律,无论是诗歌、散文、小说还是戏曲,概莫能外。儒家的入世哲学和教化观念,给中国文学带来了政治热情、进取精神和社会使命感,但同时也抑制了自我情感的释放、自由个性的迸发和自我意识的开掘,尤其是"存天理、灭人欲"的理学观念,使文学受到理性主义的影响。此外,对"中庸"美学的追求使中国文学讲求中和之美,"乐而不淫,哀而不伤",一般不把情感表达得过分热烈,言有尽而意无穷。

　　在中国思想史上,儒、道、释三家并立,分别给予中国文学以不同的影响。受儒、道两家的影响,中国文人身上往往交织着积极入世和消极避世的思想,在文学作品里也屡见不鲜。受道家老庄思想的影响,中国文人追求

"大音希声，大象无形"，使中国文学在艺术表达上虚实结合、含蓄精练，给人留有艺术想象的空间；中国文人崇尚"大制不割""道法自然"，把刻苦的技巧训练与不露刀斧凿痕的无技巧境界结合起来，"看似寻常最奇崛，成如容易却艰辛"，是一种返璞归真的自然境界。

文学是用语言塑造形象反映社会生活的一种语言艺术，是文化中极具强烈感染力的重要组成部分。中国古典文学是中国文学史上闪烁着灿烂光辉的经典作品或优秀作品，是世界文学宝库中令人瞩目的瑰宝。中国古典文学有诗歌、散文，以及词、赋、曲等多种表现形式，又有多种多样的艺术表现手法，从而使中国古典文学呈现出多姿多彩、壮丽辉煌的图景。几千年来，中国传统文化孕育了中国古典文学，中国古典文学又极大地丰富了中国传统文化，使传统文化的影响力更加深远。

二、中华优秀传统文化中的史学教育资源

强调以史为鉴，重视史学的镜鉴功能，是中华民族的优良传统。中国历代政治家和思想家对此皆有深刻论述。《文心雕龙·史传》说："居今识古，其载籍乎！"唐代刘知几在《史通·史官建置》中说："苟史官不绝，竹帛长存，则其人已亡，杳成空寂，而其事如在，皎同星汉……见贤而思齐，见不贤而内自省……则史之为用，其利甚博，乃生人之急务，为国家之要道。"清代思想家龚自珍更是将史学与国家兴亡联系在一起，提出"欲知大道，必先为史""灭人之国，必先去其史"。

追本溯源，中国史学萌发于古代先民对远古英雄人物的传说。黄帝、蚩尤之战的传说是部落战争中的英雄人物的历史，羿射九日、女娲补天的传说是与自然灾害斗争的英雄人物的历史，禹善治水、稷善耕稼的传说是在改造大自然中发挥巨大作用的英雄人物的历史，还有许多关于创造发明、祖先崇拜、血统传承的传说，从中都能找到有价值的史料。这是在文字出现以前先民原始的历史意识和历史知识传播的最初形式。

商周时期出现了甲骨文和金文，有了简单的文字记载，为史学的产生提供了必要条件，出现了真正意义的史学。中国古代史学从最早的史学性质的著作《尚书》《诗经》至今，历经两千多年，经过五个发展时期，取得了世所罕见的成就。

先秦时期，是中国古代史学的产生时期。《尚书》中的《盘庚》《牧誓》等篇记载了商周时期一些重大史事，《诗经》中的《雅》《颂》反映了周室东迁前

各个历史阶段的社会情况,以及封国、征伐、农事等活动,它们与金文记载都表现出明确的历史意识。西周周末年至春秋时期,"国史"发展起来,称"春秋""乘"等,均为编年纪事。春秋末年孔子修《春秋》,成为中国历史上第一部编年体史书,开私人撰史的先河。

秦汉时期,是中国古代史学的确立时期。政治上的大一统局面,产生了与之相适应的历史巨著《史记》和《汉书》,前者为中国历史上第一部纪传体通史,后者为中国历史上第一部纪传体断代史,它们奠定了中国古代史学发展的基础。西汉初年诸家史论和东汉末年荀悦撰写的第一部断代编年史《汉纪》,也是这个时期的重要史学成果。

魏晋南北朝隋唐时期,是中国古代史学巨大发展的时期。《后汉书》《三国志》《晋书》《宋书》《南齐书》《梁书》《陈书》《魏书》《周书》《北齐书》《南史》《北史》《隋书》13部"正史"的编撰,是这个时期史学的重大成就。此外,在这一时期,刘知几写出了中国历史上第一部系统性的史学理论专著《史通》,杜佑写出了中国历史上第一部体例完备的政书《通典》,扩大了历史著作的范围。地方史、民族史、宗教史、家史、家传、谱牒、域外史等,都有很大发展,史书的数量、种类和体裁也都明显增加。

五代宋元时期,是中国古代史学继续发展的时期。司马光的《资治通鉴》、郑樵的《通志》、马端临的《文献通考》,代表了编年、纪传、典制三种体裁通史的新成就;袁枢的《通鉴纪事本末》是纪事本末体史书的杰作。《旧唐书》《旧五代史》《新唐书》《新五代史》《宋史》《辽史》《金史》7部"正史"的编撰,以及对于当代历史文献的整理,也都反映出史学继续发展的势头。

明清时期,是中国古代史学的嬗变时期。李贽的《藏书》《续藏书》《焚书》《续焚书》,顾炎武的《日知录》,王夫之的《读通鉴论》《宋论》,黄宗羲的《明夷待访录》《明儒学案》《宋元学案》,章学诚的《文史通义》等,是这个时期的史学名作。对于历史文献的考订、整理、校勘和对于古史的考信,王鸣盛、钱大昕、赵翼、阮元、崔述等是为名家。

学习历史的目的不仅是为了了解过去,更是通过"述往事"而"思来者",认识现在和规划未来。早在《易·系辞下》就有"彰往而察来"的记载。先秦时期的政治家就认识到历史中蕴含着"前事不忘,后事之师"的深刻道理。历史上的经验教训,可以"自镜",作为现实与未来的镜鉴。北宋史学家、政治家司马光编纂《资治通鉴》,"专取关国家盛衰、系生民休戚、善可为法、恶可为戒者",目的就是"鉴前世之兴衰,考当今之得失"。以史为鉴不仅是中国古代学术的优良传统,也是中国传统政治文化的珍贵遗产。唐太宗李世民与臣下"共观经史",论述古代帝王的为政得失,更是提出了"以古为镜,可以知兴替""彰善瘅恶,足为将来规诫"的千古名句。

中国共产党自成立以来,始终高度重视历史经验的借鉴和运用。党的十八大以来,习近平总书记更是将这一传统发展到了更高的阶段,提出了一系列有关以史为鉴的新论断,如"历史是最好的教科书""历史是人类最好的教师""历史是最好的清醒剂"等。

马克思指出:"人们自己创造自己的历史,但是他们并不是随心所欲地创造,并不是在他们自己选定的条件下创造,而是在直接碰到的、既定的、从过去承继下来的条件下创造。"习近平总书记深刻指出,中国特色社会主义道路"是在对中华民族五千多年悠久文明的传承中走出来的,具有深厚的历史渊源和广泛的现实基础"。因此,我们要坚守中华文化立场,立足当代中国现实,结合当今时代条件,坚持创造性转化、创新性发展,不断从中华优秀传统文化中汲取治国理政的理念和思维。

梁启超曾言:"史学者,学问之最博大而最切要者也,国民之明镜也,爱国心之源泉也。"历史是人类群体的记忆。有了相同的记忆,个体便对群体产生认同,人类创造的文化由此世代相传。因此,世界上没有哪个民族会忽视历史教育。一方面,学习历史有助于提高人文素养,树立正确的世界观、人生观和价值观;另一方面,学习历史对加强民族认同感、增强民族凝聚力也有重要作用。

历史是最好的教科书,借助历史的丰富教育资源,能够更好地发挥育人功能,教会学生运用马克思主义唯物史观,从历史发展规律中思考分析问题、把握前进方向,培养新时代合格的继承者和接班人。

三、中华优秀传统文化中的哲学教育资源

哲学是一门探讨人生、存在、价值、知识、逻辑、真理等根本问题的学科,本质是对世界基本和普遍之问题进行研究的学科。哲学的研究范围非常广泛,包括形而上学、逻辑学、认识论、伦理学、美学、宗教哲学、科学哲学等。

哲学的起源可以追溯到古希腊,当时的哲学家们对自然、人类行为、道德等问题进行了探讨。随着时间的推移,哲学逐渐发展成为一门独立的学科,并形成了不同的哲学流派和思想体系。

中国的哲学思想起源很早,源远流长,其独特的思想价值观远远走在历史的前沿。一般认为中国哲学起源于东周时期,以孔子的儒家、老子的道

家、墨子的墨家及晚期的法家为代表。而实际上在之前的《易经》当中，已经开始讨论哲学问题。

中国哲学大约萌芽于商周之际，成形于春秋末期，战国时代已出现百家争鸣的繁荣局面。中国古代哲学大体可分为上古哲学、诸子哲学和封建哲学。

上古哲学从商朝后期起，经历了商及西周、春秋、战国三个阶段。商周之际是上古哲学思想的起源；西周学在官府；周室东迁前后，官学崩溃，这是上古哲学思想的第一阶段。周王东迁以后的思想，到春秋时期的《诗》《书》传授之学，是上古哲学思想的第二阶段。孔墨显学、战国百家争鸣之学、周秦之际的思想，是上古哲学思想的第三阶段。对上古哲学思想的这三个阶段，《庄子·天下篇》曾有所论述。春秋时期的唯物主义思想散见于《左传》，其中论及"五行""六气"等，是对宇宙间的基本物质的探讨与思考；还论及民与神的关系，指出应先成民事而后致力于神，闪耀着唯物主义思想的光芒。

诸子哲学，是指春秋战国时期诸子百家争鸣的哲学思想。春秋战国时期是中国思想和文化最为辉煌灿烂、群星闪烁的时代。由于"礼崩乐坏"，先哲们开展广泛而深刻的哲学反思，诞生了一大批思想家，诸子百家相互争鸣，在中国思想发展史上占有重要的地位，其思想成果也深深地影响着中华民族的民族精神。这一时期，主要是以孔子、老子、墨子为代表的三大哲学体系。

封建哲学，是指中国封建社会时期的哲学思想。从秦汉开始，中国社会进入封建社会时期，当时的正统哲学是以儒家哲学为代表的。不同朝代哲学发展的特点也不同，两汉经学、魏晋玄学、隋唐佛学、宋明理学，各以其不同的性格与风貌，标志着正统哲学的历史演化。

正统哲学从西汉董仲舒开始。汉武帝接受董仲舒的建议，罢黜百家，独尊儒术，儒家"六艺之科"的书籍成为经典。董仲舒，也因此被称为大儒，上承先秦儒家思想，其思想学说成为封建时期哲学的正宗。董仲舒著作颇丰，如今尚存的有《天人三策》《士不遇赋》和《春秋繁露》。

魏晋时期，更加注重道家的思想，以玄学为主流，以《周易》《老子》《庄子》作为根本依据。玄学是以老庄思想为骨架，究极宇宙人生的哲理。这一时期主要代表人物有何晏、王弼、阮籍、嵇康、向秀、郭象等。

隋唐时期是佛学各宗派创立、发展的时期。天台宗、华严宗、法相宗、禅宗四大宗派之中，尤以华严宗与禅宗影响为大，其思想也成为当时的主流。这一时期，儒家经学也继续发展，《五经正义》综合了南北朝经学著作，但更多的是北朝经学的笺注成果。

宋明时期哲学的正统是理学。理学以儒家思想为主,其中也不乏佛教和道教的思想。北宋诸儒以周敦颐、张载、程颢、程颐为大家,上承儒家经典,讲仁与心性,又讲格物穷理。宋朝南渡以后,理学分为两派:一派是以朱熹为代表的"程朱理学",朱熹在继承程颐理学之上发扬光大,成为理学的集大成者;另一派是陆九渊开创的心学学派,其思想更接近禅宗。朱学以格物致知,陆学以明心。这一时期理学占据统治地位。

明代心学继续发展,以陈献章、湛若水、王阳明为代表人物。陈献章提出以"自然为宗""学贵自得",创立"江门学派",成为心学的奠基者。他以"宇宙在我"的主体自我价值,突出个人在天地万物中的存在意义。他所说的"自然",即万事万物朴素的、本然的、无任何负累的、绝对自由自在的存在状态。他要求人们善于在这种"自然"状态中无拘无束地去体认"本心"。他极力倡导"天地我立,万化我出,而宇宙在我"的心学世界观。湛若水在继承陈献章学说的基础上有所创新,提出"体认于心,即心学也""随处体认天理"等主张。他所谓的"随处",是指"随心、随意、随身、随家、随国、随天下",在他看来,人无论处于何种境遇,都应体会、实践心中的天理。湛若水完善了心学,促进了明代心学的发展,创立了"甘泉学派"。王守仁以"心"为宇宙本体,提出"心即理"的命题,倡导"知行合一",后期强调从内心体察天理,创立"阳明心学",成为心学的集大成者。

明末清初,黄宗羲、顾炎武、王夫之等人开始批判理学。理学逐渐没落,终为乾嘉汉学所取代。

清代,理学走向空谈,但康熙帝颁布诏令,将朱熹定为孔庙十哲之一,标志着程朱理学成为官方学术。

中国哲学在其历史的发展中,出现了一大批颇有建树的哲学大家,也形成了很多对中华文化有重要影响的哲学思想,是中华优秀传统文化中重要的育人资源。

中国哲学的发展,哲学家的研究,既造就了中国哲学的性格,也塑造了中华民族的个性。中国哲人的"推天道以明人事",使得中国哲学具有鲜明的入世品格;中国哲学关心的重心在于人事,使得中国哲人总是饱含忧患。"作易者,其有忧患乎",这是《易传》作者对前人哲理作品中巫史性格的会心体认。此外,古代的中国人富于理论思维传统,虽然着重关心人伦日用,但总是寻求世俗生活的超越根据。"究天人之际,通古今之变,成一家之言",是古代哲人的学术理想;"为天地立心,为生民立命,为往世继绝学,为万世开太平",是古代哲人的自觉使命。

中国哲学与哲人的特质,也形成了中国哲学"国家不幸哲人幸"这样一种历史发展轨迹。时至近世,"中央之国"与西方扩张相遇,一败再败,民族自信降至前所未有的低点,"强国保种""救亡图存"成为第一时务。中国哲人论"古今中西",求自强图新之道,引入西学,会通中西,形成影响至今的新文化。就中国哲学与中国社会的关系来看,所谓"国家不幸"的时代,可以看作是时代给出重大哲学课题的时代;所谓"哲人幸",可以看作是哲人在回应时代重大课题的过程中富有活力的思想创造活动。每当中国哲学处于这样一个集中发展时期,学派之多,人才之盛,思想之自由,学术之开阔,都会达到一个高峰。中国哲学之兴衰,系于中国社会之兴衰,同时也造就了民族精神的个性与内涵。

哲学的探讨对个人的思考、文化的发展及社会的进步都有重要的影响。哲学可以帮助我们理解世界的本质和人的存在,帮助我们更好地认识自己和世界。同时,哲学也可以为我们提供思考和解决问题的逻辑和方法,帮助我们更好地应对现实生活中的各种挑战。

第四节　中华优秀传统文化中的艺体科技教育资源

一、中华优秀传统文化中的艺术教育资源

艺术是一种创造性的表现形式,它通过感觉、体验、表达和想象等方式来传达情感、思想和观念。艺术的形式和表现方式非常多样,包括绘画、音乐、舞蹈、戏剧、电影、文学等。在马克思主义理论的框架下,艺术首先是一种社会现象、社会事物,属于上层建筑中的社会意识形态,它以自身独有的方式能动地认识世界。

艺术的起源可以追溯到古代,艺术在当时是人们祭祀、庆祝、表达情感的一种方式。随着时间的推移,艺术逐渐发展成为一种独立的文化形式,并

形成了不同的艺术流派和风格。

在古代,艺术一词是指各种技术活动。这种技术是以人的道德目的为导向,根据对物的正确、理性、真实的知识而进行生产实践的一种独特形式,即以"美"的范畴统摄各门类,指绘画、雕刻、建筑、诗歌、音乐、舞蹈等活动。纵观历史上关于艺术的观点,可以总结出,艺术是一种具有技术性、审美性和形式性特征的社会活动,艺术创作的主体是各门各类的艺术家,艺术创作的接收者是社会各层人士,艺术所表现的客观对象是社会和自然,艺术创作活动的结果产生了艺术作品。

艺术具有技术性。总体来看,"艺术"一词的内涵大致经历了从蕴含知识、规则的技术手艺发展为依赖灵感、直觉的精神审美活动的变化。作为技术、手艺的艺术,它是理性的,这既体现在它要求人掌握对物的正确、理性、真实的知识,也体现在它要求人的生产实践活动建立在方法和秩序之上。在中国古代,"艺"与"术"均有技术、技巧之义。"艺","种也",指农业种植活动,后引申为种植技术、技艺;"术","邑中道也",可抽象为由此及彼的规律性过程,并引申为技术。在官私图书目录中,艺术指向各种实用性或礼仪性技艺,如《周礼·地官司徒·保氏》载"六艺"为"一曰五礼,二曰六乐,三曰五射,四曰五御,五曰六书,六曰九数",《后汉书·伏无忌传》注"艺谓书、数、射、御,术谓医、方、卜、筮";中古时期以后,尤其是明清时期,由于社会分工的细化,早期的各种实用技能逐渐分化为独立的专业门类,如天文、历算、五行、医术等。而在艺术活动逐渐独立、专业知识不断理性化的过程中,其中所包含的娱乐性、博弈性与仪式性的活动与原始思维也被分离出来,这些活动最终被归于"杂艺术"类(或称"艺术类")之下,如投壶、棋艺、相术、射艺等。在《新唐书·艺文志》丙部子录"杂艺术类"下,图画、书法类书目被第一次列入,至清代子部艺术类被规整为书画、琴谱、篆刻、杂技四小类。

艺术总是以某种形式向人呈现,这些形式通常体现为艺术作品在平面与空间或时间上的构成与布局等特征或因素,并且往往会被归结为"黄金分割""和谐""完形"之类的数理或心理原则,这样的形式特征或因素即是艺术的"形式性"。这种形式性的显现能够引起人感官的愉悦。

艺术具有审美性。审美性是指艺术品具有引发人美感、可以被欣赏的属性,来自具有形式性特征的人造工具及其产品给人带来的便利感和舒适感,也是原始思维及其转化的结果。此外,在中西方古代,"美"均有与"善"同义的传统。

艺术门类是多种多样的,并且其在发展过程中,愈加呈现出多样化的趋势。原始的艺术活动,就目前的考古发现来看,始于旧石器时代,特点是尚未脱离获得物质生活资料的直接目的,也尚未发展成独立的艺术。原始艺术大致可以分为造型艺术与歌舞艺术两种类型,前者代表如洞穴壁画、雕塑和装饰性工艺品,后者则可以从早期文献记载和原始时期表现歌舞的彩陶纹样中窥见其大致面貌。此后,随着生产力的发展和社会文化生活的演进,歌舞艺术逐渐分化出独立的音乐、舞蹈、文学和戏剧艺术门类;造型艺术则分化出建筑、雕塑、工艺美术、绘画、书法、摄影、影视等艺术门类。

中国传统文化中有丰富的艺术教育资源,如建筑艺术、书法艺术、音乐艺术、舞蹈艺术等。

1. 中国传统建筑中的人文资源

中国传统建筑艺术中蕴含丰富的人文资源。中国地大物博,文化丰富,建筑艺术源远流长。中国的建筑艺术,因不同地域的自然气候及人文环境的差异,导致其风格特征等也有所差异。但从总体上讲,由于受到中华优秀传统文化的浸润,中国不同地域的传统建筑在群组布局、空间、结构、建筑材料及装饰艺术等方面,表现出一些共同的人文特点。这些特点,主要体现在宫殿、坛庙、寺观、佛塔、民居和园林等建筑上。

在中国传统建筑的设计与建设中,处处都能体现出浓郁的文化特质。

其一,中国传统建筑的设计理念,包含着中华传统文化的哲学思维与强烈的文化意蕴,表达出中国古代哲学中的精神之美,创造了独具中国特色的、浸润中国传统文化的建筑风格。

其二,中国传统建筑的设计与建造,体现了中华传统文化中的重情意、知礼节的人本主义精神,在其设计建造中,坚持了以人为出发点的设计原则,体现了亲近人伦的空间环境的营造,其中最有特色的是中华传统建筑还注重建筑环境的教化功能,强调建筑群组的整体性,表现了"院落文化"的群体意识。

其三,在中国传统建筑的设计与建造中,体现出"天人合一"的环境观念,广泛应用中华传统文化中的风水学说指导建筑选址规划,尤其注重人居环境与自然环境的协调适应,创造富有地域特色的山水城市,崇尚"中和美"的环境美学观,创造了极富特色的自然式中国园林艺术,把"意境美"的追求作为人与自然和谐统一的最高审美理想。

中华传统文化重视一切从人的主体出发,强调以人为本,重亲情,讲人伦,知礼仪,劝教化,倡理性,凡事中庸有度,不事张狂,体察人与自然和其他事物的关系,以及人与人之间的关系,使之成为有机统一的整体。因此,中

49

国的传统建筑艺术也体现出对中华优秀传统文化以人为本的基本特点,其所反映出来的是中华优秀传统文化中的人伦文化、人本文化。中华优秀传统文化中重情知礼的人本精神渗透在中国几千年的社会生活之中,也体现在重要的建筑中,不仅是宫殿、寺庙建筑,居住建筑更是如此。从建筑布局、功能使用、空间环境,到构造尺度、装饰装修、家具陈设等无不浸润着人本主义的精神追求。

从建筑设计的角度来看,在平面布置和功能性要求的安排上,十分注重使用对象相互关系的决定作用,即建筑设计最根本的是要反映人与人之间确定的规范关系,并成为一条设计基本原则,也就是"人伦之轨模"的设计原则。建筑就是人际关系的空间模式。例如,作为封建统治中心的皇宫,不仅要采用庄严、壮观的构图手法来突出皇权至上的设计主题,更重要的是要遵从礼制名分、尊卑等级,反映封建宗法社会的思想理论基础。

北京故宫的布局就是这样的范例。在设计构思上,故宫分前朝、后庭二大部分。外朝属阳,天子公事之用置于前,设三大殿,空间处理宽敞、通达、宏伟。内庭属阴,寝室生活之用,置于后,设二宫,以及后妃六宫六寝,空间处理则紧凑、亲密、精细。

在一般的住宅四合院中,人伦关系反映在平面布局上更是十分严格,长辈住上房,哥东弟西,女眷居后院不迈二门,等等。其中的功能关系就是人际关系及各式人等的活动规律。而现代建筑理论同样强调对人的活动分析,主张最大限度地关注人,着眼于人在建筑中的行为方式,要研究建筑心理学、行为学等。

中国建筑总体来说均以近人的尺度塑造形象、空间和环境,显得亲切平和,以柔美的艺术感染力见长,即便是高大壮丽的宫殿、寺观,尺度虽有扩大,但也有所节制,把握适度,并不以超乎寻常的夸大尺度使人在建筑面前感到渺小。中国的建筑空间艺术,是以人为本,强化建筑所体现出来的以人为本的情怀。

中国传统建筑设计还体现出讲修养、重教化、广人文的人性修养。无论寺庙修行或家居修身养性,应用对联、匾额等装饰,把人生哲理、传统美德、儒教家训等同建筑结合起来,形成强烈的人文环境,达到教化的目的。例如,"下学人事上达天理,进所有为退必自修""传家有道惟存厚,处世无奇但率真"等,莫不表达礼乐并行、情理通融的人生追求和耕读文化的生活乐趣。各地传统民居形形色色的装饰图案,如砖木石三雕、陶灰泥三塑、油漆彩画等,讲求"鹿鹤同春""喜鹊闹梅""遍地呈福"等象征生活美满、吉祥如意的寓意,以及"桃园结义""精忠报国""八仙过海"等历史神话故事。在满足建筑物质功能的同时,强调建筑精神功能的重要意义,有时甚至后者更重于前者,成为中国建筑人本精神的一大特色。

在中国传统的建筑艺术中,还体现着整体有机的群体意识。中国建筑在设计理念上从来是整体重于局部,群体重于个体;在营造方法上,院落围合重于室内分划,有机统一重于单体表现。所谓的"一座建筑"常常指的是一群建筑的组合体,如民居中常以"王家大院""李家大院"等称呼代表一个建筑群组的院落,都是若干幢单体建筑的组合,是一个"群"的概念。院落是建筑群体组合的基本空间单元。与西方院落不同,中国院落的构成和功用常被赋予极为丰富的人文内涵。因此,要懂得中国建筑,必须要懂得中国建筑的"院落精神"。"院落"是中国建筑的灵魂和精髓。中国建筑文化即是"院落文化"。这种"院落文化"也就是中国建筑人本精神群体意识的体现。故宫建筑群就是一个庞大的院落组合艺术的典范之作,有着深厚的文化内涵和民族精神。中国建筑群组设计变化万千,群体艺术魅力无穷,空间环境丰富多彩,达到了极高的水平和境界,有着取之不尽的经验、技巧和智慧,还需要进一步挖掘开拓这一文化遗产宝库。

2. 中国书法中的人文资源

书法是一门古老的汉字的书写艺术,从甲骨文、金文(钟鼎文)、石鼓文演变为大篆、小篆、隶书,至定型于东汉、魏、晋的草书、楷书、行书等,书法一直散发着艺术的魅力。汉字书法为汉族独创的表现艺术,被誉为"无言的诗,无行的舞,无图的画,无声的乐"。书法以汉字为依托,是其区别于其他种类书法的主要标志。

汉字是世界上最古老的文字之一,在形体上逐渐由图形变为笔画,象形变为象征,复杂变为简单,经过六千多年的演变,中国的书法艺术以其独特的艺术形式和艺术语言再现了这一嬗变过程。书法是以汉字为基础、用毛笔书写的、具有四维特征的抽象符号艺术,它体现了万事万物的"对立统一"这个基本规律,又反映了人作为主体的精神、气质、学识和修养。把文字的书写性发展到一种审美阶段,不仅融入了创作者的观念、思维、精神,还能激发审美对象的审美情感。追根溯源,最早有关书法的记载,可考者当在汉末魏晋之间(约2世纪后半期至4世纪),但这不是忽视、淡化,甚至否定先前书法艺术形式的存在及其艺术价值和历史地位。就书法来看,尽管早期汉字——甲骨文,还有象形字,存在同一字繁简不同、笔画多少不一的情况,但已具有对称、均衡的规律,以及用笔(刀)、结字、章法的一些规律性因素。而且，在线条的组织，笔画的起止变化方面已带有墨书的意味、笔致的意义。可以说，先前书法艺术的产生、存在，不仅属于书法史的范畴，而且也是后代的艺术形式发展、嬗变中可以借鉴与思考的重要范例。

中国书法艺术的产生、发展是一个线性的过程，经历甲骨文、金文、大篆（籀文）、小篆、隶书、草书、楷书、行书等阶段，产生了王羲之、虞世南、欧阳询、褚遂良、颜真卿、柳公权等风格各异的名家。书法成为中华民族的民族符号，代表了博大精深的中华文化。

书法是中华传统文化的重要组成部分，具有悠久的历史和深厚的文化内涵。

首先，书法体现了中华优秀传统文化中的"礼、乐、尚、雅"等价值观。在中国的传统文化中，书法是文化内涵和审美价值的集中体现，因此书法具有一定的文化熏陶作用，对人们的道德、审美观念有着深远的影响。

其次，书法是一种具有哲学思想的艺术形式。书法的创作和欣赏不仅仅是纸笔的写写画画，更包含了中国哲学思想的精髓。例如，我们常说的书法的"意境""气韵"等，是通过艺术的形式体现了中国哲学中的"气""道"等概念。书法在艺术形式上与哲学思想相互融合，使得书法具有更深层次的文化内涵。

再次，书法是中华传统文化中语言与艺术相结合的典范。汉字是中华文明的瑰宝，中国书法则是语言与艺术的结合体。通过汉字的表现形式，书法既能够表达语言的意义，又能够展现艺术的美感，形成了独特的文化价值。因此，中国书法也被誉为"语言的舞蹈，艺术的语言"。

最后，书法是中国传统文化的符号象征，具有深厚的文化积淀和历史底蕴。书法所表达的不仅仅是文字意义，更是中国文化的象征，代表着中华文化的内涵和精神。在现代社会中，书法已经成为一种独特的文化符号，成为中华文化的重要形式之一。

因此，书法艺术在培养人的精神气质、弘扬中华优秀传统文化等方面有丰富的育人功能。中国书法注重意境和气质。书法家在书写的时候，常常会使用一些特殊的技巧，比如工整、隶变、草书等不同的字体，以及狂草、行草等不同的风格，来表现书法家的个性与气质。这些技巧不仅仅是为了美观，更是为了凸显书法家的个性和修养，使作品具有强烈的文化气息和意境，从而使观者产生更为深刻的感受和体验。书法强调个性和独特的审美情趣。每个书法家都有其独特的审美眼光和审美情趣，因此在创作中也会有所侧重。书法强调内在的修养和自我探索。在古代已经形成"心境与笔墨相依"的思想,即书法艺术和书法家的内在世界紧密相连。因此在书法创作时,书法家不仅要关注技能和手法,更要注重自己的心境和情感体验,从而推动自身艺术实践和心灵的成长。这种修养和自我探索的过程,使中国书法艺术更具有人文精神和哲学深度。

3. 中国乐舞艺术中的人文资源

中华民族的舞蹈文化源远流长,记录中华民族舞蹈发展轨迹的文物图像和文字未曾中断,这在世界文化史上也是罕见的。出土于青海大通县上孙寨的新石器时代舞蹈纹彩陶盆,盆内侧绘有三组手挽手的舞者,舞者头上有发辫或装饰物,身后拖有尾巴,恰可与《尚书·尧典》中"百兽率舞"的记载互相参证,向世人展示了距今五六千年前的原始舞蹈整齐的队形及其群体性、自娱性的特点,体现了中华优秀传统文化中的乐舞精神。

乐舞精神的早期形态是乐舞意识,而乐舞意识萌芽于巫性思维。《尚书》中有多处关于"百兽率舞""凤凰来仪"的记载,当八音和谐、石声大振之时,禽鸟、百兽开始争相舞动。如果单纯从神话夸张的角度解读,这种情况并不鲜见,甚至在先秦之后的各种正史中也多有类似描写。但若从写实的维度审视,则会发现它更像是原始先民的某种祭祀仪式,在仪式中人们装扮成百兽模样,手舞足蹈,以期达到"神人以和"的效果。辩证地看,我们不能将巫术活动看成是乐舞的直接来源,但可以说巫术时代所特有的巫性思维灌注于早期的乐舞活动之中,并促进了早期乐舞意识的形成。

在早期乐舞意识中,"交感"占有重要地位。在甲骨文中,"巫"与"舞"在字形上有同源关系,都呈现出舞人跳舞的形态,所以郭沫若、陈梦家、杨向奎等学者将两字视作一回事。此说恰可与《说文解字》将"巫"释为"以舞降神者"相契合,用我们今天的话说,巫的最重要职责就是以手舞足蹈的巫舞方式求得与神灵的相通。这一过程就存在最基本的"交感"意识。在原始先民看来,天地万物具有深层的互动关系,天地之间、天人之间、物我之间都存在某种神秘的联系,乐舞正是呈现这种种联系的载体。

《吕氏春秋·古乐》中有关于葛天氏之乐的记载,乐舞表演之时"三人操牛尾,投足以歌八阕",这八阕乐歌分别是《载民》《玄鸟》《遂草木》《奋五谷》《敬天常》《建帝功》《依地德》《总禽兽之极》。虽歌词不存,但透过歌曲名称可知大抵是寄托国泰民安、风调雨顺、人神和谐的美好愿景。值得注意的是,其中提到了"天常"和"地德",这里的"常"和"德"都可作为"规律"解,即乐舞用两阕表现了对天地规律的敬重。同时,"天常"与"地德"的成对出现暗示着两者的关系,即无"天常"便无"地德",反之亦然。《乐记》直言"大乐与天地同和""乐者,天地之和也",认为乐舞不仅与天地相和谐,更加是天地和谐的产物。为了将这种关系言说得更为合理,《乐记》又将阴阳的属性赋予了天地,天地交感便是阴阳交感,进而万物便化生出来。

原始乐舞存在的重要目的是实现人与天地的沟通。虽然沟通的过程往往以"巫"为中介和代言人,但这也构成了原始先民在进行日常乐舞活动时的潜在意识。《礼记·郊特牲》中有一篇为世人熟知的伊耆氏《蜡辞》,其中有"土反其宅,水归其壑,昆虫毋作,草木归其泽"的记载。这篇带有咒语性质的祝词,寄托了原始先民的美好愿望,以祭歌的形式祈求风调雨顺。这种情况在古代乐舞中又往往具体表现为"天德"与"人德"之间的贯通。"六代乐舞"(《云门大卷》《大咸》《韶》《大夏》《大濩》《大武》)也是如此,不仅褒扬上古帝王应天承运的美好德行,而且也成为后世接近"天德"的符码。《周礼·春官·大司乐》中明确将它们作为"以致鬼、神、示,以和邦国,以谐万民"的工具,在祭祀仪式中演奏这些乐歌,便可实现现实社会的邦国安宁。

乐舞的是"感物"的结果,而"感物"的前提是心与外物的同构。乐舞的本质是人的创造物,是"人文"的重要组成部分。古人在仰观俯察的过程中试图以"人文"阐释万物的情状,其基本原则是"近取诸身,远取诸物",身与物之间构成了内与外的呼应关系。《乐记》将这种关系表述得非常充分,开篇即言"音之起,由人心生也。人心之动,物使之然也",虽然人性的本质是"静",但这种静止是相对的,其内部天然地蕴含着"动"的潜能,否则人的力量不会得到张扬,世界也无法实现进化。因此,《乐记》又明确指出:"人生而静,天之性也。感于物而动,性之欲也。"作为早期乐舞观念的集大成者,《乐记》对后世的哲学思维、艺术思维有奠基价值,甚至宋明理学都将之作为重要的理论宝库,理学家对天命之性、气质之性的认知,以及对性、情、欲的划分和逻辑演绎,都带有《乐记》的影子。

早期"乐舞意识"在中国文化中具有原型价值,随着时代的发展及人们哲学观念、艺术观念的逐渐进步,这些"意识"不断成型,最终形成"精神"。"乐舞意识"并非仅仅是指人们由于情感的萌动所产生的引颈欢歌或手舞足蹈的身心诉求,而主要是指在乐舞活动背后蕴含的思想观念和审美指向。这些意识在早期文化中可能是零散的、不成体系的,但并不意味着它们不具备内在逻辑或基本内核。

与天地交感、天人交感、物我交感的"乐舞意识"相对应,形成了天地之和、天人之和、主客之和的"乐舞精神"。"和"的观念被缔造完成。就天地之和而言,乐舞不仅以声音听觉的形式,而且以视觉图像的形式,诠释着天地精神,天地一体、阴阳一体、感觉一体构成了一个完整的世界图景。就天人之和而言,在乐舞中人既是创作者,也是呈现者,呈现的既是主体精神,更是人对天地的理解。就主客之和而言,乐舞是中国"感物"艺术发生观的萌发地和试验场,审美情感的产生与外物有关,但是主体与客体之间又并非一方统治另一方的关系,或者说"人化物"与"物化人"都不是理想的艺术创作状态,而应该将主、客视作同类,在"以类相动"思维指导下,实现主客的深度交融。

中国的"乐舞精神"总体上就是对"和谐"的追求,其萌芽于原始先民内心世界的"交感"意识,而定型于周汉以后频繁的思想对撞,最终延伸为一种基本的日常信仰和艺术追求。中国文化发展具有"超稳定"的自生长性,"交感"与"和谐"尽管属于巫性时代的产物,但却形成了一种文化和信仰层面的集体无意识。在古代社会,人们对"交感"抱有一种朴素的认同,在日常行为和审美追求方面表现为对"和谐"的长久遵奉。"乐舞精神"是礼乐传统的重要组成部分,它为古代礼法社会提供了感性因子,使建立在血亲、宗族基础上的由民间而庙堂的等级社会多了一种温柔的属性。同时,"乐舞精神"本质上仍属于一种艺术精神,乐与舞分而言之,前者诉诸听觉,具有时间艺术的特征;后者依靠视觉,带有空间艺术的印记。因此,乐舞传统及其蕴含的审美精神对文学、书法、绘画等艺术门类产生了持续性作用。总体而言,"乐舞精神"在中国历史上对社会、文化、艺术的发展具有全方位的影响。

总之,艺术是一种创造性的表现形式,通过感觉、体验、表达和想象等方式来传达情感、思想和观念。艺术对于个人和文化的发展都有着重要的影响。它可以帮助人们表达自己的情感和思想,促进人际交流和理解。同时,艺术也可以为文化的发展和传承提供重要的支撑。

二、中华优秀传统文化中的体育教育资源

体育是一种复杂的社会文化现象,它是一种以身体与智力活动为基本手段,根据人体生长发育、技能形成和机能提高等规律,达到促进全面发育、提高身体素质与全面教育水平、增强体质与提高运动能力、改善生活方式与提高生活质量的一种有意识、有目的、有组织的社会活动。今天,体育事业的发展规模、发展水平已经成为一个国家社会进步的重要标志,而且,随着国际交往的扩大,体育活动也成为国家间外交及文化交流的重要手段。从体育的分类来看,体育可分为大众体育、专业体育、学校体育等种类,包括体

育文化、体育教育、体育活动、体育竞赛、体育设施、体育组织、体育科学技术等诸多要素。

体育有狭义和广义之分。狭义的"体育",即体育教育,是通过身体活动,增强体质,传授锻炼身体的知识、技能、技术,培养道德和意志品质的有目的有计划的教育过程。它是教育的组成部分,是培养全面发展的人的一个重要方面。广义的"体育",即社会文化活动,是指以身体练习为基本手段,以增强体质,促进人的全面发展,丰富社会文化生活和促进精神文明建设为目的的一种有意识、有组织的社会活动。它是社会总文化的一部分,其发展在一定程度上受社会政治和经济的制约,但反过来也为社会的政治和经济服务。

中国是一个有着五千年文明历史的多民族国家,各民族因其不同的文化有着不一样的体育传统。各民族的传统体育是中华民族宝贵的文化遗产。在中国传统体育项目中,既有广为流传的体育项目,如武术、骑马、射箭、舞龙舞狮、太极拳、围棋等,也有独具民族特色和风格的地方项目,有的显示出南方民族的柔美风情,有的散发着北方民族的粗犷奔放,有的展现着高原民族的壮美神奇,如苗族的划龙舟、维吾尔族的徒步叼羊、藏族的赛牦牛、朝鲜族的跳板、布朗族的布朗球等。

中华民族传统体育的起源是在人类早期的社会生产劳动、军事战争、宗教祭祀等共同作用下形成的。

生产劳动是人类为了满足自身存在和发展而生成的第一活动。在原始社会,狩猎是原始人生产劳动的最主要方式,在与野兽角斗的过程中,需要身体和简单狩猎工具的配合。这些在与野兽搏斗过程中产生的动作技能,成为原始体育活动的启蒙。

战争与体育项目的产生、体育精神的展现,也有着密切的联系。冷兵器时代,军事战争对将领和士兵的身体素质、格斗技能及武器的使用技巧都有着极高的要求,这与体育活动的要求相一致,不少民族体育项目就是从军事和战争中孕育而生的。

宗教祭祀活动对传统体育项目的产生也有重要的影响。原始先民信仰图腾崇拜,认为遵循图腾的意愿可以带来好运和繁荣。中国传统体育中的秋千项目,就是一种天人交感的产物。《说文解字》中说:"秋,禾谷熟也。"人们联想,在秋千上荡得高就预示着谷物收成好,这是典型的从对自然的敬畏与期待中产生的娱乐体育活动。拔河也是如此。《荆楚岁时记》中记载:"为施钩之戏,以缏作篾缆相胃,绵亘数里,鸣鼓牵之。"古代人们在立春时举行拔河活动,希望通过拔河的力量来感应农作物,使农作物借鉴拔河之力长得更好。

在体育发展的过程中,人们开始有意识地把这种强身健体、塑造人文精神的活动加以传承,逐渐形成了现代的体育项目。

从个体发展的角度,体育具有健身价值。随着经济社会的发展,健康已经成为第一追求,无论是社会、学校、家庭,还是个人。传统体育项目有很高的健身性。从心理学的角度,体育具有娱乐价值。传统体育项目在实施时气氛欢乐,娱乐感强,能够给人带来心理上的满足感。传统体育项目有很高的娱乐性和观赏性。从挑战极限的角度,体育具有竞技价值。竞争是比赛永恒的主题,挑战自我、超越极限是人类的精神追求。传统体育具有较高的竞技性。总之,中国传统体育形式多样,内容丰富,趣味纯真,简单易行,具有强大的生命力。

此外,从社会价值的角度,体育还在一定程度上推动社会的发展和进步。首先,有利于人们在体育活动中加强道德教育。陆草先生在《中国武术》一书中将武林的道德规范归纳为"谦和忍让、立身正直、见义勇为、尊师重教、武林正气"五个方面。其次,各种各样体育活动的开展,有利于加强人们的民族认同。民族传统体育具有各民族自身的特色,是各民族中普遍流行的满足民族的健身、娱乐等需求的社会文化,有利于强化民族认同感。最后,体育作为一项社会化活动,能促进经济的发展。随着民族传统体育的广泛开展带来的大量关注,是民族传统经济价值得以发挥的重要市场。在盛大的传统节日里,体育搭台、经济唱戏将有效地推动当地社会、经济、文化的发展。

体育作为一种社会化的竞技活动,对育人有积极的意义和作用。

首先,体育可以培育人的竞争意识。竞争是人类发展的不竭动力,人类正是在竞争中求得生存和发展的。这种竞争有两方面含义:一方面,面对对手时,要敢于竞争、勇于拼搏;另一方面,是对自己永不满足的一种精神,要不断挑战自己的极限,努力向新的高度和极限发起冲击。正如奥林匹克格言:"更快、更高、更强、更团结",虽然仅有短短九个字,但却充分表达出不断进取、永不满足的奋斗精神。在体育竞技的赛场上,许多优秀的运动员正是通过常人难以想象的艰苦训练,不仅战胜了对手,更是战胜了自己,最终达到了竞技体育的顶峰。体育运动这种竞争精神的价值,正是其独特魅力之所在,也是其他学科教育所没有的。在研究体育教育时,要从文化和人文的角度出发,有目的、有意识地构建体育教育的人文情怀。人们对体育教育中人文价值的关注越大,体育教育对人的影响就越深远、越有意义。

其次,体育有助于发展人的个性特征。每个人都有自己的独特个性,需要在社会生活中展现。世界上没有两片相同的叶子,也没有完全相同的两个人。在社会生活中,每个人的个性特征不同,因此,在待人接物、为人处世方面有明显的差别。体育活动,尤其是竞技型的体育活动,能够对竞技参与者有积极的正面的影响,不仅在体育活动中强健了体魄,更是能够使每一位参加体育活动的人,发现自己的个性特征,扬长避短,完善自我意识,进行自我改造,塑造坚忍的性格,实现自我成长和更好的发展。

当今社会,除竞争外,人与人、人与群体的协作也越来越受到重视。体育活动,不仅有助于培养个人的竞争意识和竞争能力,更能培养参与者的集体意识。体育活动,就是一个集体协作的过程,无论是个人项目,还是集体项目,都需要团队共同的努力与付出,这就要求每一位参与者适应群体的需要,在体育竞争中,实现团队利益的最大化。因此,在体育竞技中,尤其是在依靠团队合作才能发挥最大优势的团体项目中,大部分参与者都不得不改变自己的某些个性特征,以与群体目标达成一致,接受来自群体的约束,以达到体育成绩的最优化。

最后,体育能够改变人的生活方式。生活方式是指人们对衣食住行、劳动工作、休闲娱乐、社会交往等物质与精神生活所持态度的体现,并据此采取的行为模式与生活习惯。随着互联网的发展,社会生产方式发生了革命性变化,生活节奏加快,精神压力增加,导致许多现代文明病的产生。体育活动,不仅可以提高人们的健康水平,还可以调节身心平衡、舒缓紧张情绪。

体育所表现出来的竞争精神、人文情怀,对培养新时代的大学生具有重要意义。因此,体育活动在设计时力求体现人文精神,发挥其在个性培养、人格教育中的积极作用。

三、中华优秀传统文化中的科技教育资源

科技教育资源主要是指我国历史上的伟大发明和科技成就,中华优秀传统文化中的科技成就主要集中在1840年以前,当时的中国科技领先全球。从类别上看,按照行业对科技成果进行划分,可以分为农业科技成果、手工业科技成果、交通科技成果、生活科技成果等。从作用上看,科技文化成就对所在行业、对人民生活都产生了重大影响,对古代中国国际地位、国际竞争力等具有十分重要的作用。

科技成就指中国古代各项科技成果。中国在古代创造了非凡的科技成就,在建筑、医学、造纸、印刷、纺织、陶瓷、冶铸等方面,中国都遥遥领先于西方。科技源于生活。因此,科技成就实际上就是人们为解决生活需要而创造出来的各种实用的技术,四大发明、丝绸、中医药、陶瓷、冶铸、建筑等中国人引以为傲的发明创造,无不具有非常鲜明的实用烙印。然而,时代在前行,曾经应用广泛的古代实用技术,今天早已失传或正在消失,需要我们以现代技术手段复原和再现,以今天的科学道理去揭示和阐述。

科学技术与人文精神之间也是紧密联系、相互依存的。科学技术的发展为人类带来进步和便利,如医疗技术、信息技术、工程科技等,这些技术改变了人类的生活方式和社会结构,同时也为人文关怀提供了更多的手段和途径。例如,医疗技术的发展让人们能够更好地治疗疾病,保持健康,提高了人们的生活质量和幸福感;信息技术的发展则让人们能够更方便地获取知识和信息,扩大了人们的视野和交流范围。这些技术和工具的发展,为人文精神的发展提供了必要的物质和技术支持,促进了人文精神的进一步发展。科技的发展使人在自然界中赢得了生命自信和价值认定,科学精神把人从神的阴影和宗教的束缚中解脱出来,获得了独立性。人的认知能力、感知能力、实践创造能力在认识和改造外在世界的过程中得以充分发挥。另外,科技的发展改变了人的思维方式和价值观念。科学理性导引现代民主政治的法制化、程序化。科学精神更成为新道德观念的基石,改变着人的精神生活。这些都可以说是科学技术蕴含的理性精神带给人文精神的瑰宝,是科学技术对人文精神做出的一大贡献。

此外,科学技术的进步离不开人文精神的发展,科学技术的发展需要道德和伦理的规范,需要人类价值的指引。人文精神关注人的生命、尊严、自由、平等、权利等问题,为科学技术的发展提供了道义支持和人文关怀。例如,在医学领域,对人体伦理和生命尊严的关注,让医学科技的发展更加注重人的生命和健康,避免了技术的滥用和侵犯人权的行为。从最初科学技术的产生过程来看,技术最终是服务人类的,也就是说科学技术的发展是以人类的发展为目标的,是以人为本的,是为了更好地实现人的价值而存在的。正是人文精神的发展催生了科学理念、科学理性、科学方法及科学精神。今天,要将人文精神重新引入科学技术的发展之中,让人文精神与技术理性相互融合,引导科学技术朝着更加有利于人类和人文精神的方向发展,使科学技术坚持以人为本的发展理念。而人类在应用科学技术时更要全面理解技术的含义,从长远的和可持续发展的观点来处理科学技术与人、人与自然之间的关系,使科学技术的发展真正体现人的价值。

因此,科学技术与人文精神是相互依存、相互促进的关系。科学技术的发展需要人文精神的支撑和引导,同时,人文精神也需要科学技术的支持和推动。只有将科学技术与人文关怀相结合,才能实现人类社会的全面发展和进步。

人类社会发展所追求的至高境界就是和谐。人类的历史已经充分证明,科学技术是现代文明,尤其是物质文明发展的强大动力,在科学技术的推动之下,人类的物质文明正在快速向前发展。然而,历史也告诉我们,科学技术并不是万能的,科学技术只能解决人们在物质层面的需求,却不能解决人类在精神领域的问题,科学所勾画的明晰简练的认识图式,使其在探索人的心理、情感、意志等领域时显示出一定的局限性,不能完全满足人的精神生活的需求,对需要以理解、体验、直觉等去认知的价值世界、意义世界难以深入探究。科学认知与价值认知的统一,理性与非理性的统一,科学精神与人文精神的统一,无论在学理上还是在现实社会生活和社会实践中,都成为一种越来越明显的趋势。不管对科学技术与人文精神孰一孰二的问题如何争论,也不管伦理学家对科学技术带来的副作用如何担心,人类都将一如既往地发展使用科学技术,只是在科技服务于社会时,要尽力让科学技术拥有更多的人文关怀。科学技术是推动经济发展的主导力量,我们应通过改变经济秩序来改变文化结构,进而通过改变人的生活方式改变人们的思维方式、道德观念和价值取向,突出宽容、协作、公平、开放等价值,重构人文精神和人的精神世界。同时,科学技术的发展大大拓展了人的各种能力,创造出最先进的技术手段,为人类更好地认识自然提供了条件;而人文精神的丰富与发展又为人类正确处理与自然的关系奠定了伦理和道德基础,也为人与自然的和平共处提供可能。我们相信,随着科技与人文的发展,人类有能力更好地处理人与自然、科技与自然的关系,科学合理地解决当前的环境危机与自然问题,从而真正实现社会和谐发展。

第四章 中华优秀传统文化育人功能的实现路径

　　中华优秀传统文化作为中华文化大家庭中的重要部分,蕴含着丰富的育人资源,尤其是对人的人文精神、道德素养的培养有非常重要的意义。

　　中华优秀传统文化中有丰富的育人资源,但是,中华优秀传统文化育人功能的效果,受诸多因素的制约,其中,最主要的因素包括育人理念、育人主体、育人内容的选择与设计、育人载体和育人方法的选择,以及育人环境的影响等。高校是中华优秀传统文化育人功能发挥的主要阵地,我们以高校为例,从上述角度,对中华优秀传统文化育人功能进行分析。

第一节 高校开展中华优秀传统文化育人工作现状

习近平总书记指出："中华优秀传统文化是中华民族的精神命脉，是涵养社会主义核心价值观的重要源泉，也是我们在世界文化激荡中站稳脚跟的坚实根基。"将中华优秀传统文化充分融入课堂教学，让广大青少年更好地接受中华优秀传统文化的熏陶，对树立健康向上的审美观和正确的价值观、培养民族自豪感和凝聚力，更好地延续中华文化血脉、建立精神家园等具有重要意义。中华优秀传统文化教育的开展，是伟大的"铸魂工程"，高校作为中华优秀传统文化育人功能发挥的重要平台，要牢记传承使命，弘扬中华传统文化，要在广大青年学生的心灵里播下优秀传统文化的种子，让中华优秀传统文化在课堂中绽放更加耀眼光芒，助力培养更多拥有中国智慧、积极弘扬中国精神、善于传播中国价值的时代新人。

一、高校开展中华优秀传统文化育人工作的总体情况

让中华优秀传统文化教育更全面、系统、可持续，学校是主阵地，课堂是主渠道。《关于实施中华优秀传统文化传承发展工程的意见》要求："把中华优秀传统文化全方位融入思想道德教育、文化知识教育、艺术体育教育、社会实践教育各环节，贯穿于启蒙教育、基础教育、职业教育、高等教育、继续教育各领域。"高校作为中华优秀传统文化育人功能发挥的主阵地，在文化强国、教育强国战略的推进下，以各种形式推动中华优秀传统文化发挥强大的、深厚的育人功能。中华优秀传统文化育人功能的发挥情况，总体而言，既有成就，更有诸多不足。要对高校发挥中华优秀传统文化育人功能的现实情况进行梳理，先要将中华传统文化育人功能发挥作为一项系统工程来解构式研究，要研究其育人理念、育人主体建构运行情况、育人内容设计和配置情况、育人平台的搭建和方法的选择情况、保障和督导情况等。

高校推动中华优秀传统文化育人工作，主要采取以下几种方式：

一是设计成必修课或者选修课，以课堂教学的方式开展中华优秀传

文化育人活动；

二是以校园文化建设的方式开展中华优秀传统文化育人活动；

三是其他学科教师在学科教育中融入中华优秀传统文化的育人元素；

四是以社团活动的方式开展中华优秀传统文化育人活动；

五是在辅导员教师对学生进行班会教育等过程中开展中华优秀传统文化育人活动。

其中,最为规范的是以课堂教学的方式开展,其次是以校园文化建设的方式开展。

从课堂教学来看,把中华优秀传统文化育人内容作为一门独立的必修课程开设的,目前并不多见。中华优秀传统文化相关课程的开展,主要是通过大学生的思想政治课程来进行。这种教育方式很难把中华优秀传统文化的精髓完整、系统地呈现出来。此外,就是通过高校的非必修课程开展:开设有关中华优秀传统文化的选修课程,面向全校学生进行公开选课;以文学、艺术等学院专业课承担中华优秀传统文化教育的教学任务。此外,课程一般是以"中国历史""中国文化""中国哲学"等名称开设的,基本上属于基础通识课程,缺乏对中华优秀传统文化系统、深入的学习。

高校要想深入有效地推进中华优秀传统文化的系统化教育教学工作,可以尝试进行一些改革。例如,将中华优秀传统文化相关课程单独开设为面向全校学生的必修课程;以制度化的规定,要求所有学科必须开展中华优秀传统文化育人工作。

二、中华优秀传统文化的育人理念

要实现高校有效开展中华优秀传统文化育人工作,首先要明确正确的育人理念。育人理念的正确与否,在一定程度上影响了高校发挥中华传统文化育人功能活动的开展。

育人理念,即教育理念,是关于教育方法的观念,是教育者在教学实践及教育思维活动中形成的对"教育应然"的理性认识和主观要求,包括教育宗旨、教育使命、教育目的、教育理想、教育目标、教育要求、教育原则等内容。

目前,得到学界普遍认同和应用的教学理念主要有十种,它们在中华优秀传统文化育人功能发挥的过程中也同样起到积极作用。

1."以人为本"的教育理念

"以人为本"的教育理念是指以人的发展为本,尊重人的个性、兴趣和需求,注重人的全面发展和自由发展,促进人的全面进步和个性发展的教育理念。具体来说,"以人为本"的教育理念有以下几个方面。

首先,要以学生为中心。教育应该以学生的发展为中心,关注学生的需求、兴趣、能力和个性,注重培养学生自主学习和思考的能力,发挥学生的主体性和创造性。

其次,要尊重个体差异。每个学生都是独特的个体,具有不同的需求、能力和个性,教育应该尊重个体差异,因材施教,促进每个学生的全面发展和个性发展。

再次,要注重全面发展。教育应该注重学生的全面发展,包括知识、能力、品德、情感、体质等方面的发展,让学生得到全面的教育和锻炼。

又次,要强调个性发展。教育应该强调学生的个性发展,尊重学生的兴趣和需求,培养学生的自主性和创造性,让学生能够在自由的环境中发挥自己的潜力和特长。

最后,要注重对学生主体性和创造性的培养。教育应该注重对学生的主体性和创造性的培养,鼓励学生独立思考、主动探索、发现问题和解决问题,培养学生的创新精神和创造力。

总之,"以人为本"的教育理念能够激发学生的学习兴趣和潜力,提高教育质量,为社会培养优秀人才。今天,教育作为培养社会需要的合格人才以促进社会发展的崇高事业,自然应当全面体现"以人为本"的时代精神。现代教育强调以人为本,把重视人、理解人、尊重人、爱护人,提升和发展人的精神贯注教育教学的全过程、全方位,注重人的现实需要和未来发展,注重开发和挖掘人自身的禀赋和潜能,注重人自身的价值及实现,并致力于培养人的自尊、自信、自爱、自立、自强意识,不断提升人们的精神文化品位和生活质量,从而不断提高人的生存和发展能力,促进人自身的发展与完善。因此,现代教育已成为增强民族自信心和凝聚力的重要手段,成为综合国力的基础,并日益融入时代的潮流之中,受到人们的青睐与关注。

2. 全面发展的教育理念

全面发展的教育理念是指让每个学生得到全面、协调、自由的发展,包括身体、心理、情感、道德、认知和社交等方面的发展。这种教育理念认为,只有全面、协调、自由地发展,才能使学生得到更好的成长和进步。具体来说,全面发展的教育理念包括以下几个方面。

首先,要关注学生的身体发展。注重学生的身体发展,包括身体健康、身体素质和运动能力等方面的发展,让学生拥有健康的体魄和良好的身体素质。

其次,要关注学生的心理发展。注重学生的心理发展,包括情感、性格、智力、创造力等方面的发展,让学生拥有健康的心理状态和良好的心理素质。

再次,要关注学生的社会发展。注重学生的社会发展,包括社交能力、人际交往、道德行为等方面的发展,让学生拥有良好的社交能力和道德行为。

又次,要关注学生的认知发展。注重学生的认知发展,包括思维能力、知识水平、创造力等方面的发展,让学生拥有良好的思维能力和知识水平。

最后,要关注学生的综合发展。注重学生的综合发展,包括文化素养、艺术素养、实践能力和社会责任感等方面的发展,让学生拥有良好的综合素养和社会责任感。

总之,全面发展的教育理念强调让学生成为全面发展的人才,为社会进步和发展做出贡献。现代教育以促进人的自由全面发展为宗旨,更关注人的发展的完整性、全面性:表现在宏观上,是面向全体公民的国民性教育,注重民族整体的全面发展,以大力提高和发展全民族的思想道德水平和科学文化素质,提高知识创新和技术创新能力,增强包括民族凝聚力在内的综合国力为根本目标;表现在微观上,以促进每一个学生在德、智、体、美、劳的全面发展与完善,造就全面发展的人才为己任,在教育观念上实现由精英教育向大众教育、由专业性教育向通识性教育的转变,在教育方法上采取德、智、体、美、劳五育并举、整体育人的教育方略。

3. 素质教育的教育理念

素质教育的教育理念是以提高国民素质为根本宗旨,以培养全面发展的人才为目标,注重学生的个性发展和创新能力的培养,关注学生的主体性和创造性的发挥,促进学生的全面发展和终身发展。这种教育理念能够激发学生的学习兴趣和潜力,提高教育质量,为社会培养更多优秀的人才。现代教育摒弃了传统教育只重视知识的传授与吸纳的教育思想与方法,更注重教育过程中知识向能力的转化及其内化的良好素质,强调知识、能力与素质在人才整体结构中的相互作用、辩证统一与和谐发展。针对传统教育重知识传递、轻实践能力,重考试分数、轻综合素质等弊端,现代教育更加强调对学生实践能力的锻造,主张能力与素质是比知识更重要、更稳定、更持久的要素,把学生综合素质的培养与提高作为教育教学的中心工作来抓,以帮助学生学会学习和强化素质为基本教育目标,旨在全面开发学生的素质潜能,使知识、能力、素质和谐发展,提高人的整体发展。

4. 创造性教育理念

创造性教育理念是一种注重培养学生的创造性和创新能力的教育理念。它强调在教育过程中,通过引导学生进行创造性的思考、创造性的实践和创造性的学习,激发学生的创造潜能,培养学生的创新能力和实践能力。具体来说,创造性教育理念包括以下几个方面。

首先,要培养学生的创造性思维和能力,鼓励学生敢于质疑、敢于创新、敢于尝试,让学生在思考问题时能够从不同角度出发,发现新问题、解决新问题。

其次,要给学生提供创造性的实践机会,让学生通过实践验证自己的想法和理论,培养学生的创新能力和实践能力。

再次,要鼓励学生进行自主性和探究性学习,让学生能够自由选择学习内容和方式,发挥自己的潜力和特长,培养学生的自主学习能力和创新能力。

又次,要创造一个宽松、自由、充满活力的学习环境,让学生能够在其中自由发挥自己的创造性和创新能力。

最后,要进行创造性教育评价,采用多种评价方式,除了传统的考试形式,还可以采用作品评价、活动评价、创新思维评价等方式,评价学生的创造性和创新能力。

总之,创造性教育理念注重培养学生的创造性和创新能力,通过创造性思考、创造性实践、创造性学习和创造性环境等方式,激发学生的创造潜能,提高学生的创新能力和实践能力。这种教育理念能够激发学生的学习兴趣和潜力,提高教育质量,为社会培养更多具有创新能力和实践能力的人才。现代教育强调教育教学过程是一个高度创造性的过程,以点拨、启发、引导、开发和训练学生的创造性才能为基本目标。

5. 主体性教育理念

主体性教育理念是一种注重以学生为主体,发挥学生主观能动性的教育理念。它强调在教育过程中,以学生为中心,尊重学生的主体性,发挥学生的主观能动性,培养学生的自主性、创造性和实践能力。具体来说,主体性教育理念包括以下几个方面:其一,以学生为中心关注学生的需求和兴趣,设计符合学生特点和需求的教育活动和课程;其二,尊重学生的主体性,发挥学生的主观能动性,让学生成为学习的主人,主动参与学习、积极思考、主动探究、发现问题和解决问题;其三,鼓励学生进行自主学习,让学生能够自主选择学习内容和方式,发挥自己的潜力和特长,培养自主学习能力和自我管理能力;其四,鼓励师生之间、学生之间的互动与合作,共同探究、交流分享,形成积极的学习氛围和合作关系。

现代教育是一种主体性教育,充分肯定并尊重人的主体价值,充分调动并发挥教育主体的能动性,使外在的、客体实施的教育转换成受教育者主体的能动活动。主体性教育理念的核心是充分尊重每一位受教育者的主体地位,"教"始终围绕"学"来开展,以最大限度地启迪学生的内在潜力与学习动力,使学生由被动地接受性客体变成积极的、主动的主体和中心,使教育过程真正成为学生自主自觉的活动和自我建构过程。因此,它要求教育过程要从传统的以教师为中心、以教材为中心、以课堂为中心转变为以学生为中心、以活动为中心、以实践为中心,倡导自主教育、快乐教育、成功教育和研究性学习等新颖活泼的主体性教育模式,点燃学生的学习热情,培养学生的学习兴趣和习惯,提高学生的学习能力,使学生积极主动地、生动活泼地学习和发展。

6. 个性化教育理念

个性化教学理念是一种注重学生个性差异和需求,采用个性化方法进行教学的教育理念。它强调在教育过程中,根据学生的个性特点、兴趣爱好、知识和技能水平等因素,制订个性化的教学计划和教学方法,以满足学生的个性化需求,促进学生的全面发展。具体来说,个性化教学理念包括以下几个方面:

其一,尊重学生的个性差异,了解学生的个性特点、兴趣爱好、知识和技能水平等因素,制订个性化的教学计划和教学方法;

其二,采用个性化教学方法,如个别指导、分层教学、项目学习等,以满足学生的个性化需求,提高学生的学习效果;

其三,根据学生的发展和需求变化,动态调整教学计划和方法,以适应学生的发展变化;

其四,及时给予学生激励和鼓励,以增强学生的自信心和积极性,促进学生的全面发展;

其五,给予个性化评价和反馈,以帮助学生了解自己的学习状况和不足,及时调整学习策略。

个性发展是创造精神与创新能力的源泉。知识经济时代是一个创新的时代,它需要大批具有鲜明个性的个性化人才来支撑,因此催生出个性化教育理念。现代教育强调尊重个性,正视个性差异,张扬个性,鼓励个性发展,允许学生发展的不同,主张针对不同的个性特点采用不同的教育方法和评估标准为每一个学生的个性发展创造条件。个性化教学理念把培养完善个性的理念渗透到教育教学的各个要素与环节之中,从而对学生的身心素质特别是人格素质产生深刻而持久的影响力。

将个性化教学理念运用在教育实践中:首先,要求创设和营造个性化的教育环境和氛围,搭建个性化教育大平台;其次,在教育观念上提倡平等观点、宽容精神与师生互动,承认并尊重学生的个性差异,为每一位学生个性的展示与发展提供平等机会和条件,鼓励学生个性发展;最后,在教育方法上,注意采取不同的教育方法实行个性化教育,注重因材施教,实现从共性化教育模式向个性化教育模式转变,给个性的健康发展提供宽松的生长空间。

7. 开放性教育理念

开放性教育理念是一种注重开放自由、鼓励学生主动学习和多元发展的教育理念。它强调在教育过程中,开放思想、开放课程、开放方法和开放评价,以鼓励学生主动学习、探索和创新,促进学生的多元发展和个性化发展。具体来说,开放性教育理念包括以下几个方面:首先,鼓励学生自由思考、自由探索,鼓励学生发表不同意见和观点,培养学生的批判性思维和创新能力;其次,开放课程设置,允许学生自主选择课程,鼓励学生跨学科学习,促进学生的多元发展;再次,采用多种教学方法,如项目学习、合作学习、探索学习等,以鼓励学生主动学习、参与学习和创造性的学习;最后,采用多种评价方式,如作品评价、活动评价、创新思维评价等,以全面了解学生的学习成果和创新能力。

当今时代是一个空前开放的时代,科学技术的日新月异,信息的网络化,经济的全球化,使世界日益成为一个更加紧密联系的有机整体。传统的封闭式教育格局被打破,取而代之的是一种全方位开放式的新型教育。在新时代的教育体系中,要充分开发和利用一切传统的、现代的、民族的、世界的、物质的、精神的、现实的、虚拟的资源用于教育活动,广泛吸取一切优秀的教育思想、理论与方法,走国际化、产业化、社会化之路;要从学历教育向终身教育拓宽,从课堂教育向实践教育、信息网络化教育延伸,从学校教育到社区教育、社会教育拓展,提升人的自我发展能力,拓展人的生存和发展空间;要面向世界、面向未来、面向现代化设置教育教学环节和课程内容,使教材内容由封闭、僵化变得开放、生动和更具现实包容性与新颖性等。

8. 多样化教育理念

多样化教育理念是一种注重学生多样化发展需求的教育理念。它强调在教育过程中，尊重学生的个性差异、兴趣爱好、能力和潜力，提供多种教育方式、课程和活动，以满足不同学生的多样化发展需求，促进学生的全面发展。

现代社会是一个日益多样化的时代，随着社会结构的高度分化，社会生活的日益复杂和多变，以及人们价值取向的多元化，教育也呈现出多样化发展的态势。首先，表现为教育需求多样化，为适应经济社会发展的要求，人才的规格、标准必然要求多样化；其次，表现为办学主体多样化，教育目标多样化，管理体制多样化；最后，表现为灵活多样的教育形式、教育手段，衡量教育及人才质量的标准多样化等。这些都对教育教学过程的设计与管理提出了更高的要求与挑战，它要求根据不同层次、不同类型、不同管理体制的教育机构与部门进行柔性设计与管理，更推崇符合教育教学实践的弹性教学与弹性管理模式，主张为教育事业的发展提供更加宽松的政策法规体系与社会舆论氛围，以促进教育事业的繁荣与发展。

9. 生态和谐教育理念

生态和谐教育理念是一种注重教育生态和谐、强调教育主客体与内外部环境相互和谐、相互促进的教育理念。它强调教育的生态性与和谐性，认为教育是一个生态系统，主客体之间、教育内容与环境之间应该相互和谐、相互促进，实现生态平衡和生态发展。具体来说，生态和谐教育理念包括以下几个方面：首先，教育是一个生态系统，有自身独特的生态性，教育过程中各个因素之间存在生态联系和生态平衡，因此，在教育过程中，强调教育的和谐性，认为教育主客体之间、教育内容与环境之间应该相互和谐、相互促进，实现生态发展和可持续发展；其次，鼓励教育者开放教育思想、开放课程设置、开放教学方法等，以实现教育的主客体与内外部环境的和谐匹配与有机统一；再次，教育应该是主客体之间、教育内容与环境之间的互动过程，通过互动实现教育的生态平衡与和谐发展；最后，强调教育的创造性，认为教育应该培养学生的创造性思维和能力，通过创造性的教育实践，实现教育的生态和谐和可持续发展。

动植物的生长需要良好的自然生态环境，人才的健康成长同样也需要宽松和谐的社会生态环境。现代教育主张把教育活动看作是一个有机的整体，既包括教育活动内部的教师、学生、课堂、实践、教育内容与方法诸要素的和谐统一,还包括教育活动与整个育人环境设施和文化氛围的协同互动、和谐统一,把融洽、和谐的精神贯注于教育的每一个要素和环节之中,最终形成统一的教育生态链,使人才健康成长所需的各种内外部因素和谐共存,达到生态和谐地育人。所以,现代教育倡导生态和谐教育理念,追求生态性教育环境建构,力求在整体上做到教学育人、管理育人、服务育人、环境育人,营造人才成长的最佳生态区,促进人才的健康和谐发展。

10. 系统性教育理念

系统性教育理念是一种强调教育过程的整体性、系统性、全面性和可持续性的教育理念。它认为教育是一个系统性的过程,包括教育目标、教育内容、教育方法、教育评价等各个方面,各内容相互联系、相互促进,形成一个完整的系统性教育体系。具体来说,系统性教育理念包括以下几个方面:首先,要运用系统性的思维,将教育看作一个整体,教育过程中的各个要素看作是相互联系、相互促进的子系统,从而全面考虑和综合优化教育过程;其次,要注重教育的全面性,包括知识、技能、情感、态度、价值观等方面,实现学生的全面发展;再次,强调教育的可持续性发展,不仅关注学生的当前发展,更要注重学生的长期发展,实现学生个人的可持续发展;又次,注重学生的主体性,发挥学生的主观能动性,鼓励学生主动参与、探索和创新,实现学生自主的、创造性的学习;最后,注重教育公平,关注每个学生的发展需求,提供均等的教育机会和资源,实现教育公平和社会公正。

知识经济时代,教育已不再是学校单方面的事情,也不是个人的成长,而是社会进步与发展的大事,是整体国民素质普遍提高的事情,是关乎精神文明建设及两个文明协调发展的全局性、战略性大业,是一项由诸多要素组成的复杂的社会系统工程,涉及许多行业和部门,因此,需要全社会的普遍参与和共同努力。当下,我国正在形成的是一种社会大教育体系,需要在系统工程的理念指导下进行统一规划、设计和一体化运作,以培养人们的学习能力为目标,以实现社会系统各环节、各部门的协调运作、整体联动为基础,把健全教育社会化网络作为构成教育环境的中心工作来抓,促进大教育系统工程的良性运行与有序发展,以满足学习化社会对教育发展的迫切要求。

上述十大教育理念,不仅对传统教育教学有指导性作用,在高校中华优秀传统文化育人工作方面也有重要的指导作用。因此,在中华优秀传统文化育人工作开展的过程中,要秉持上述教育理念,遵循文化传播和教育教学的基本规律,不能仅凭以往经验开展文化教育,要求教育方法、教育内容要科学,对中华优秀传统文化的教学内容进行重构,进行精细化处理,树立和落实好十大育人理念,与其他学科教育构建互动的育人机制,共同推进,提升育人效果,使中华优秀传统文化真正融化在每一个学生心中,切实提升中华优秀传统文化的育人实效。

三、教育的主体

主体和客体是认识论的一对基本范畴。主体指认识者,即在社会实践中认识和改造世界的人。人生活在各种社会关系中,认识和改造世界的活动都是在一定社会关系中进行的。人作为认识主体,既可以个体的面貌出现,也可以群体一员的面貌出现,还可以人类整体一员的面貌出现。因此,主体的存在形式可分为个人主体、群体主体和人类整体主体。个人主体是认识主体的基础和细胞,任何认识活动总是通过每个个人的认识活动去实现的。

在教育活动中,存在教育主体和非教育主体。教育主体是指在教育活动中,行使教育权利、承担教育责任、实现教育目的的组织或个人。教育主体是实现教育目的的关键,而非教育主体对教育活动起辅助或干扰作用。

教育主体包括但不限于以下几种类型:国家,是教育的主要组织者,政府机构负责制定教育政策和法规,管理教育资源和监督教育质量;教育机构,包括学校、幼儿园、培训机构等,负责提供教育内容,组织教学活动,管理学生等;教育者,包括教师、教练、导师等,负责实施教育活动,引导学生学习,促进学生发展;学生,是教育的服务对象,是教育的受益者,应处于教育的中心地位;家长和社会,对教育有重要影响,可以通过支持学生、参与教育活动、提供教育资源等方式实现教育目的。

对教学活动中的主、客体的认识是教育原理中的一个基本问题。不同的认识反映着人们不同的教育思想,而教育思想的不同也将直接导致人们在教育实践中采用不同的方式、方法。

教育活动由三个基本要素组成,即教育者、受教育者和教育内容。那么,这三个要素中谁是主体、谁是客体,主、客体之间的关系又是怎样的呢?

学界对教育主体的认识主要有三种观点。

其一,教师主体论认为,教育主体是指教育者,主要是教师。教育者有目的、有计划地对受教育者施教,以自身的活动与影响引起和促进受教育者的身心发展,教师在教育活动中发挥主导作用。

其二,学生主体论认为,教育主体是指受教育者,即学生。学生在教育过程中不是被动地接受教育,而是具有主观能动性,教师不过是指导者、辅导者。

其三,教师学生双主体论认为,教育者与受教育者都是教育主体。二者都是有主体意识的人,在教育与教学活动中都有自己认识与作用的客体;二者都是主体,同时又互为认识的客体。

教师主体论认为,教学活动是教师按照教学大纲,系统、全面地在课堂上传授知识、形成技能技巧的过程。学生在这一过程中处于受教育者的地位,只能按部就班地吸收教师所教授的内容。因此,教师在教学活动中是教学的主体,而学生则是教学的客体。教学过程的本质是在教师的指导下,学生个体认识和发展的过程。在此过程中,教师作为活动主体的主要任务是把人类社会积累下来的科学文化知识传递给学生。因此,教师是教育活动的组织者、主持者,是人类文化的传播者、传递者,是学生人格的陶冶者和塑造者。

教师在教学活动中的主体地位主要是由教师在教学过程中所具有的主导作用来体现的,即教师不但主导了学生所要学习的内容、方法、时间、空间,而且在学生学习积极性的调动、学习兴趣的养成等方面也起到了很大的作用。在这一过程中,教师根据社会需要把教学内容作为自己认识的客体,凭借原有的知识结构对其进行加工处理并内化为自己的知识,再通过讲解、演示等方式传授给学生。学生作为知识的接受者,也是以自己原有的知识内化为外来知识,从而形成自己的认识和见解。在教学过程中,教师不仅要把教学内容作为自己认识的客体,还要把学生当作认识的客体。学生是具有主官能动性的教育客体,有一定的特殊性。学生作为受教育者不只是被教师影响,同时还以自身的个性、行为制约着教师的行为。由此可见,教师要想充分发挥其主导作用就必须把对教学内容的认识和对学生的认识结合起来,找到二者的交叉点,这就形成了教学的方式、方法。

学生主体论认为,教师的“教”是为了学生的“学”,学生是教学过程中唯一的主体。教师讲授的内容都要被学生消化和吸收,在此过程中,学生积极、主动地将外部的知识转化为自身的知识。因此,学生是能够决定整个教育过程和结果的主体,而教师是以协作者的角色帮助学生获得发展。学生通过其思维活动,以观念的形式反映和掌握教学内容。从学生认识教学内容的角度来看,学生就是学习的主体,而教师所教的内容是学生认识的客体。在此活动中,教师并不是学生认识的对象,而是学生认识活动中必不可少的手段。教师通过“教”“解”“导”等方式引导学生吸收、消化教学内容,而学生在学习活动中并不是消极、被动地接受知识,学习活动的发生必然是在学生主观意识作用下才可能实现,教师的启发、诱导也只有转化为学生内在的自我需要时才能发挥效用。因此,我们说学生是教学活动的主体。

教师学生双主体论认为,教学活动是由教师和学生两个主体构成的。通常将教师在教学中的主体地位说成是教师在教学中起主导作用,即主导了学生所要学习的内容、方法、时间和空间。同时,学生也是教学活动的主体,其主体性在教学中主要表现为学生的主观能动性。教师和学生共同作用的客体是教学内容,三者构成了一个较完整的教学过程。

从以上分析中,我们得到了两种不同的主客体模式。一种是从教学活动的角度来考察的,即教师(主体)—教学内容(客体)—学生(客体);另一种是从认识活动的角度来考察的,即学生(主体)—教学内容(客体)。这两种主客体关系模式是密切相关、相辅相成的,其存在依赖于师生两个主体的互动关系。教师、学生都作为认识的主体参与了教学活动的全过程。教学并不是一个教一个学的简单模式,而是双向的促进。具体来说,教师作为教学活动的主体发挥其主导作用,是相对于学生作为认识活动的主体发挥其主观能动性而言的。衡量教师主导作用发挥程度的标准就是看是否或在多大程度上调动了学生的主观能动性。反之,学生自身主观能动性的发展也同样影响教师的行为,教师应根据学生的发展变化调整自己的教学方法和教学策略,使双方共同发展。

无论是哪一种模式,高校在发挥中华优秀传统文化育人功能时,都不能忽视高校教师的主体性因素和主导性作用。高校的中华优秀传统文化教育,往往是由以下主体承担的:其一,高校的思想政治理论课教师,在讲授思想政治理论课时,如有涉及中华优秀传统文化相关内容的,则进行一些拓展,以开阔同学们的眼界;其二,一些对中华优秀传统文化感兴趣且有一定知识储备的教师,对全校学生开设公共选修课;其三,主题教育中有关中华优秀传统文化的教育内容。总体来看,最主要的人员是承担文化教育的教师。由于中华优秀传统文化的相关课程并不是必修课程,有些学校也没有这方面的专业教师,因此,教师大多是因为自身的兴趣而积累的中华优秀传统文化知识,缺乏系统性训练,且由于自身知识背景和认知的局限,可能存在对中华优秀传统文化的理解偏差和误读的情况。此外,在教育方式的探索上,基本满足于一般的班级授课的方式,参观、调研、演讲比赛、文化场景再现教育等活动教育的方式采用得不够,这在很大程度上影响了中华优秀传统文化育人形式的生动性,以及育人功能的发挥。

任何教育的推动都需要集体的力量。高校推动中华优秀传统文化育人工作,也应该高度重视教育团队的建设。目前,承担中华优秀传统文化育人工作的教师团队,往往是教师各自独立完成自己的教学活动,不仅同一课程的教师之间的交流机制没有落实,不同课程的教师之间的交流机制也没有落实,不利于教师教学能力的提升,也不利于中华优秀传统文化教学的改革和教学质量的提高。

四、中华优秀传统文化的教育内容和载体

教育内容是指为实现教育目标,经选择而纳入教育活动过程的知识、技能、行为规范、价值观念、世界观等文化总体。教育内容一般以课程的形式体现。选择的标准是满足社会需要与满足个人需要相统一。广义的"教育内容"包括学校和非学校教育内容。狭义的"教育内容"特指学校教育内容。

教育内容随社会发展而变化。现代的教育内容逐步拓宽,反映当代世界性问题的新教育内容不断出现,如有关环境、和平与民主、经济新秩序、人口问题等。

中华优秀传统文化博大精深,要想充分发挥其育人功能,在教育内容的选择上,应该遵循两个基本原则:

其一,根据学生的专业,对教学内容进行对应性设计,有利于调动学生学习中华优秀传统文化的积极性,让他们在本专业学习的过程中潜移默化地接受中华优秀传统文化的熏陶,提升中华优秀传统文化教育的有效性;

其二,要对中华优秀传统文化的教育内容进行精细化设计,高校在开展中华优秀传统文化的育人工作时,应该高度重视对育人内容的精细化处理和构建,尤其是对学生发展有重大影响的内容,更应该深入挖掘其中所蕴含的人文精神及其对人的影响,并精细设计,使其真正发挥育人的功能。

《现代汉语词典》对"载体"的解释:"科学技术上指某些能传递能量或运载其他物质的物质……泛指能够承载其他事物的事物。"从词义和引申意义来看,"载体"就是承载其他物质的物质,是事物的承载方式和承载单元。承载性是载体的本质属性,承载和传递物质是载体的基本功能。

"载体"这个概念在20世纪90年代引入思想政治教育,被赋予诸多理解和想象。有的人认为思想政治教育的载体是一种"思想政治教育的活动形式",有的人认为它是"一种物质存在形式",有的人认为它是"某种教育形式或工具",有的人认为它是"一种可控方式和外显形态",有的人认为它是一种物质存在和活动形式。《现代思想政治教育学》也把"载体"作为重要概

念进行专题分析,认为思想政治教育的载体"是指在实施思想政治教育的过程中,能够承载和传递思想政治教育的内容和信息,能够为思想政治教育主体所运用,促使思想政治教育主客体之间相互作用的一种活动形式和物质实体"。从"载体"概念的本义及引申意义来看,"载体"必须满足三个条件:

一是能够承载思想政治教育的目的、任务、原则、内容等信息;

二是能够为思想政治教育工作者所运用和掌握;

三是能够联系教育的主体和客体,并且能够促使二者互动。

载体是平台,载体是阵地。传统的阵地主要就是教学的课堂。每一个学科教育的开展都是以课堂为主渠道、主阵地。因此,高校在开展中华优秀传统文化育人工作时,应高度重视对课堂这一传统育人阵地的建设:

一是对中华优秀传统文化育人功能发挥的空间载体——校园、教室、宿舍的文化建设有足够的重视;

二是要重视课程的开发和设计,尤其要在课堂教学中的互动环节、内容拓展的设计和处理等方面下功夫。

中华优秀传统文化育人功能的发挥,不能仅满足于一般意义上的课堂教学,还要给学生以启迪,使学生在学习任务结束以后,还能够持续思考,并把自己的思考贯彻到实际行动中去。

除了学校各层面之外,家风建设也是中华优秀传统文化的一个重要载体。家风传承是家庭文化传承的重要方式,是一种无形的教育资源。家风传承可以通过家庭成员的言传身教、家庭活动的开展等方式,影响和塑造家庭成员的价值观、道德观和行为习惯。现代传媒是现代社会中文化传播的重要工具,具有广泛的影响力和穿透力,可以通过电视、网络、杂志等各种形式,向学生传递正能量、弘扬优秀文化,是培养学生正确的价值观、道德观和行为习惯的重要途径。

在互联网不断发展的背景下,教育载体增加了一个互联网平台。互联网成为现今学科教育必须要认真对待和加以利用的多功能教育阵地和渠道。因此,高校在开展中华优秀传统文化育人工作时,应该好好运用互联网平台,积极开发多种形式的网络文化教育平台,让中华优秀传统文化走进学生的心中、脑中、生活中和学习中。高校大多是利用学校现有的网络教学平台开展教育工作,对于开发专门的中华优秀传统文化网络育人平台稍显不足。

总之,中华优秀传统文化育人功能的载体,可以是校园文化、家风传承、现代传媒等,通过多种载体的结合,可以更好地实现文化育人的目标,提高学生的综合素质,培养全面发展的人才。

五、教育环境的营造

教育环境是指以教育为中心,对教育的产生、存在和发展起制约和调控作用的空间和多元环境系统。教育环境是复杂的,不仅是因为构成环境的因素多,还因为环境因素时刻处于变化之中,有时甚至不易察觉,当人们发现某种因素制约着教育的发展,成为教育发展的障碍时,才感觉到它的存在。因此,从不同的角度来认识教育环境,有利于把握教育环境的内涵,有效地选择环境、优化环境。

根据环境的内容,可把教育环境分为自然环境和社会环境。教育的自然环境就是影响教育发展的自然条件的综合,包括学校的地理位置、气候条件、自然景观;教育的社会环境就是影响教育发展的社会条件的综合,包括国家和地方的政治经济制度、经济发展状况、科学发展水平、社会风气、文化传统、教育传统、教育体制、教育行政管理水平、家庭的经济状况、学校的物质条件、学校中的文化氛围等。

根据环境对教育的影响方式,可把教育环境分为直接环境和间接环境。教育的直接环境是指对教育直接发生作用的环境因素的综合,如教育政策法规、教育体制、教育结构、教育物资设备、教育观念等。教育的间接环境是指对教育间接发生作用的环境因素的综合,如人口数量、人事制度、文化传统、学校分布、政治经济发展状况、科技发展速度和水平等。

根据影响教育的环境因素的来源,可把教育环境分为内部环境和外部环境。教育的内部环境是指来自学校教育系统内部影响教育质量的因素的综合,主要包括学校的物质环境(校园、教学楼、图书馆、礼堂、实验室、教师办公室、操场、食堂、草坪、花坛、水池、体育器材等)、制度环境(校规、校纪、班规、班纪等)、文化环境(校风、班风、学风、文化氛围等)、人际环境(学校领导和教师的关系、教师和教师的关系、教师和学生的关系、学生和学生的关系等)、心理环境(师生的精神风貌、情感状态、个性特征等)。教育的外部环境是来自学校外部影响教育质量的因素的综合,如社会教育观念、政府教育行为(教育决策、教育投入、教育督导等)、教育行政管理水平、家庭教育因素等。

根据影响教育的环境因素的存在形式,可把教育环境分为显性环境和隐性环境。教育的显性环境是对教育有直接、即时、显著影响的环境因素,如教育的方针政策、教学的物质条件、教育管理水平、课程设置、教材等。教育的隐性环境是对教育有潜移默化影响以观念形态或心理方式存在的环境因素,如大众教育意识、校风、班风、教育活动中的人际交往、教学氛围等。

众所周知,教育环境对教育效果有重要影响。孟母三迁的故事就充分说明了环境的重要性。捷克教育家夸美纽斯较系统地提出了学校教育的环境问题。他曾设想:"学校应该设在一个安静的地点,要远离尘嚣和让人分心的事物。"随着人类生存和发展的环境日益复杂,人对环境的依赖性也越来越大,教育环境作为一种特殊环境在个体发展中的作用也日益为人们所重视。教育环境对教育的作用表现为正向功能和负向功能两方面。不好的教育环境会阻碍教育的正常发展,造成教育环境与教育的恶性循环,产生负向功能;良好的教育环境会促进教育的发展,产生正向功能。教育环境的正向功能具体表现在:其一,保障功能,即教育环境可以为教育的发展提供物质保障、财力保障、人力保障、制度保障、信息保障等;其二,导向功能,即教育环境对价值取向有干预作用;其三,激励功能,即良好的教育环境可以有效地激励教育工作者的教学热情和学生的学习热情,调动其自觉性、主动性和创造性;其四,调整功能,即教育环境对教育发展的控制、调节作用,不同时期的政治、经济、文化、科技等环境因素对教育的发展有不同的要求,国家要从教育方针、教育政策、教育体制、教育结构、教育内容等在宏观上进行调整,学校也要相应地做出教育行为方式的改变。

在上述教育环境中,对中华优秀传统文化育人功能的发挥有重大影响的环境因素主要有以下几个方面。

1. 家庭环境

家庭环境会影响孩子的性格、品德、智力等,因此,良好的家庭环境对孩子的成长非常重要。人的教养与素质,受外部环境的影响,家庭环境是其中最重要的影响因素之一。教育的家庭环境可分为软环境、硬环境、内环境和外环境四部分,对人的一生有至关重要的影响。

软环境,主要指家庭的心理道德环境。心理道德环境作为家庭环境的核心,是人类社会化发展的源头,对家庭成员之间的关系、父母的道德水平、对孩子的教育方式、人的自我概念的发展、师生关系、行为问题等有较大影响。当今社会的主题是和谐,讲求的是人与自然的和谐,人与人的和谐,以及人与社会的和谐。家庭软环境以人为本的观念,以及和谐的家庭关系,是从个体家庭践行和谐的主题。

硬环境,主要指在家庭中可以用量化指标来评判和衡量的环境因素,如家庭的成员结构、资源分配、生活方式等。良好的家庭硬环境可以为孩子提供有利于成长的物质条件。

内环境,主要指家庭成员之间的关系,以及家长对子女的教育方式。外环境,主要指家庭的外部环境、周围人群情况、外部活动场所、外部人际关系等。

人在不同的环境中成长会形成不同的性格、价值观、世界观及人生态度。如果孩子在其成长过程中,经常处于负面环境中,其负面情绪较重,负面心理往往表现明显,不太容易形成正确的价值观、世界观及人生态度;而在宽容、鼓励、赞扬、公平的环境中成长起来的孩子,则会表现出自信、正直、信任、友爱等,其价值观、世界观及人生态度往往也是积极乐观的。

人的一生,大约有三分之二的时间是在家庭中度过,因此,家庭环境对人有巨大的影响。父母是孩子的第一任教师,是孩子学习的榜样,父母的教养态度和教育方法直接影响孩子的行为和心理。家长,一定要加强家庭观念和家庭责任意识,努力建立良好的家庭氛围,消除孩子的心理障碍。

由此可见,家庭环境是孩子良好心理素质和健康成长的土壤,良好的家庭环境是家庭教育成功的基本条件。良好的家庭环境可以让孩子感受到爱和关怀,拓宽孩子的视野和知识面,增强孩子的自信心和勇气,帮助孩子更好地成长。当前,优化家庭教育的关键问题是大力提高家长自身的素质,提高家长的责任意识,使其认识到健康心理的重要性,并努力克服家庭结构变化等带来的影响,为子女的成长创设一个良好的家庭环境。

2. 社会环境

教育的社会环境是指教育活动面临的外部环境,包括政治、经济、文化、科技等方面。教育的社会环境对教育的发展和育人功能的效果有很大影响。在政策环境方面,教育政策和法规对教育的发展和育人功能的效果有直接影响。政策的支持可以促进教育的发展,提高教育质量,实现教育公平。在经济环境方面,经济发展水平对教育的投入、教育资源的分配和教育质量有很大影响。经济的繁荣可以带来更多的教育资源,提高教育质量;经济的落后则可能导致教育资源的不足,以及教育质量的下降。在文化环境方面,文化传承、社会风气、家庭教育氛围等都会对教育活动产生影响。社会文化的多元化可以扩宽学生的视野和知识面,而社会风气的恶化则可能影响学生的品德和行为习惯。在科技环境方面,科技的发展和应用对教育的方式、手段和效果有很大影响。教育的信息化可以带来更加高效、便捷的教育方式,有利于教育的发展。

总之,教育的社会环境对教育的发展和育人功能的效果有很大的影响。政府、社会、家庭等各方面都应该为教育的发展提供良好的环境,促进教育的公平和可持续发展,以培养更多为社会做出贡献的优秀人才。

3. 校园环境

校园环境是指学校开展教育活动和学生在学校接受教育的环境,包括校园文化、师资力量、教学设施、课程设置等。校园环境对教育的发展和育人功能的效果有直接影响。

广义的"校园环境",是指学校影响学生发展的所有因素,包括课堂教学、课外活动,以及学校的各种设施和校风。狭义的"校园环境",是指除教学、教育工作外的一切对学生发展有潜移默化影响的因素,一般分为物质环境和精神环境。物质环境包括校舍的布局,教室、实验室的设置,图书馆的设置和管理,运动场的设置,道路的布局,校园绿化,宿舍管理等。精神环境包括学术氛围、校风学风等,对学生的身心发展有潜移默化的影响。

校园文化是校园环境的核心,包括校风、教风、学风等方面。校园文化的建设和传承可以影响学生的思想品质、道德观念和行为习惯,是培养学生全面发展、提高学生综合素质的重要途径。教师的教育水平、教学能力和师德师风等对教育质量和育人效果有直接影响。师资力量可以影响学生的学习效果和综合素质发展,优秀的教师可以引导学生健康成长。教学设施是教育活动的物质基础,包括教室、实验室、图书馆、体育设施等。教学设施的完善和更新可以提供更加优质的教育条件,为学生提供更好的学习环境,从而提高教育质量。课程设置是学校教育的重要内容,包括学科设置、课时分配、课程质量等方面。课程设置是否合理和完善影响学生的学习效果和综合素质发展,合理的课程设置可以促进学生的全面发展。

环境是影响人们成长和发展的重要因素。教育环境对人的成长和教育育人效果的影响也是不容忽视的。在良好的教育环境中,人们可以接受优质的教育、培训和实践,不断拓展自己的知识和技能;人们可以养成良好的行为习惯,形成积极向上的人生态度;人们可以建立健康、稳定的人际关系,增强社交能力,在充满关爱和包容的环境中成长,更容易学会真诚待人、感恩他人;人们更容易学会坚韧和勇气,更容易培养出自主性和创造性;人们可以充分地展现自己的才能和潜力,实现自我价值;人们更容易建立自信和自尊,成为更好的自己。

综上所述,校园环境对教育的发展和育人功能的效果有直接影响。因此,学校应加强校园文化建设,提高师资力量,改善教学设施,完善课程设置,为学生提供更好的教育环境和条件,实现教育的公平和可持续发展,为社会培养更多的优秀人才。

第二节 高校开展中华优秀传统文化育人工作的改进措施

中华优秀传统文化教育,承担着对大学生开展文化教育的任务,是提升大学生文化修养的重要内容。当代大学生思想活跃、眼界开阔,而现有的中华优秀传统文化教育形式陈旧,缺乏主体性和系统性,导致教学效果不理想。因此,基于对高校开展中华优秀传统文化教育要素的分析,高校应在教育理念、教育主体、教育载体、教育环境方面进行反思并采取改进措施,以学生为中心,激发学生的学习兴趣,帮助学生形成学习的动机。

一、在教育理念方面的反思与改进

先进的、正确的理念是正确行动的先导。提升高校中华优秀传统文化育人工作质量,必须要有先进的、正确的理念。

高校应树立以学生为中心的文化育人理念,围绕服务学生、关爱学生、教育帮助学生来开展文化育人工作,将学生至上的理念贯穿到中华优秀传统文化育人工作的各个环节之中;要认真分析、把握文化育人工作的规律、学生的成长规律和高校教育的发展规律,推动高校中华优秀传统文化育人工作科学化运行,而不是按照经验运行;要立足常态化、制度化、长效化,让中华优秀传统文化育人工作融入学校校园文化建设、大学文化建设、课堂教学过程之中,推动中华优秀传统文化育人工作持久开展。

尊重大学生合理的心理需求,是实现大学生在中华传统文化教育中主体地位的前提条件。1943 年美国心理学家亚伯拉罕·马斯洛在论文《人类激励理论》中提出了著名的需求层次理论。他认为,人类的所有行为都是由需求引起的,主要有五种不同层次的需求,即生理需求、安全需求、社交需求、尊重需求和自我实现需求。当人的需求,尤其是尊重、自我实现等高层次需求得到满足时,能使人对自己充满信心,体验到自己活着的用处和价值,并感受到最大的快乐。

马斯洛的需求层次理论告诉我们，人在低层次的需求得到满足后，会产生更高层次的需求。在教育过程中，大学生都有尊重需求，既有自尊的心理需求，也有获得他人尊重的需求。当个人的尊重需求得到自身和社会两方面满足时，才能产生积极的心理体验，并自发、主动地接受外部教育的信息。

充分发挥中华优秀传统文化的育人功能，要实现教育理念的转变。在中华优秀传统文化的教育过程中，要确立学生的主体地位，坚持"以学生为本"而不是传统意义上"以教师为本"的育人理念，充分尊重学生的个性发展要求和主体参与性，根据社会发展的需要和教育现代化的要求，通过启发、引导等方式，创造和谐、宽松、民主的教育环境，并且有目的、有计划地组织、规范教学活动，把学生培养成为自主、能动、创造性地认识和实践的社会主体。在这一过程中，教师只是学生学习的促进者，是"助产士"和"催化剂"。教育的目标应当以学习者为中心，使每个学生的潜在能力得到充分发挥，并能够愉快、创造性地学习。

高校要树立"主体性教育理念"，把学生当作主动学习的主体，而不是被动学习的客体，使学生以主体身份积极参与到中华优秀传统文化的教学活动中来，开动脑筋，积极思考，探索质疑，提高学生对中华优秀传统文化的学习兴趣，从而实现中华优秀传统文化育人功能的提升。

二、在教育主体方面的反思与改进

在教育的基本过程中，要确立学生的主体性地位，发挥教师的主导性作用。

现在很多学校的教学，特别是文化教育教学中，教师演讲、学生听讲这一模式仍是主流，教师根据教案向学生讲解理论，"上课是执行教案的过程，学生在课堂上实际扮演着配合教师完成教案的角色"。这种教学模式，采用"填鸭式"的知识灌输，而忽视对学生观察问题、分析问题和解决问题能力的培养。巴西教育学家保罗·弗莱雷把这样的教育称为"银行储蓄式教育"，即教师在学生头脑中存放知识。学生虽然记忆了大量的知识，却往往"知其然而不知其所以然"，不明白事物发展的根源及其内在规律。

中华优秀传统文化的教育，必须变传统教学中重教学环境的模式为建构主义下重学习环境的新模式。建构主义认为情境、协作、会话和意义建构是学习环境的四大要素。在获取知识的过程中，大学生是带着以往的知识和经验进入学习环境中的，他们对事物有自己独立的判断和见解，即使有些问题没有现成的经验可以借鉴,但也不影响他们的认知能力。把所学的知识与已有的经验相结合,更容易激发学生学习的热情和主动性。因此,在教学中,教师不能无视学生已有的知识和经验,简单强硬地从外部向学生"填灌"知识,而是应该积极引导学生对知识的认知,以及对知识体系的构建。教师应当区别不同专业的学生,从学生感兴趣的问题入手,发掘学习动机,并通过创设符合教学内容要求的情境,提示新旧知识之间的联系和线索,帮助学生探索、发现所学知识的意义,把学生原有的知识和经验作为新知识的生长点,引导学生获得新的知识和经验。在构建意义的过程中,要求学生通过协作,主动搜集并分析相关信息和资料,对所学习的问题提出各种假设,尽量和自己已有知识和经验相联系,并认真思考,努力加以验证。联系与思考是意义构建的关键。如果能在交流、讨论等协作学习中进行联系与思考,学生建构意义的效率会更高,质量会更好。

因此,要加强中华优秀传统文化在大学生中的认同,必须要鼓励大学生以主体身份积极思考。

首先,要明伦察物,学思结合。苏格拉底认为,美德出于知识,知识是一切德行之母。纵观人类历史,我们不难发现,文明总是与知识相伴相生,而野蛮总是与愚昧结伴同行。良好的文化修养是建立在学习和反思的基础上的。当代大学生学习中华优秀传统文化的基本内容,要对所学的知识进行思考,才能在面对纷繁复杂的世界时,有可能做出正确的选择。正如古语所言:学习可以使"逸者得勤,昏者得明,迷者得醒,丧魄者得救"。

其次,要反躬内求,省察克治。曾子有云:"吾日三省吾身:为人谋而不忠乎?与朋友交而不信乎?传不习乎?"在学习中华优秀传统文化的过程中,想要把内容真正地内化于心,就必须不断对照标准进行自我反省。要通过自省,找出不足,并加以改正,这是一个自我认识、自我调节、自我完善的自我教育过程,使人达到慎独的人文境界。

最后,要身体力行,躬行践履。荀子说:"不闻不若闻之,闻之不若见之,见之不若知之,知之不若行之。学至于行之而止矣。"没有亲自实践,就不能正确认识中华优秀传统文化的精髓。只有在实践中,人们才能源源不断地从中华优秀传统文化中汲取精神能源,健全自己的道德人格,提高自己的思想境界。

三、在教育载体方面的反思与改进

建构主义认为,知识不是通过教师的传授得到的,而是学习者在一定的情境(社会文化背景)下,借助其他人(包括教师和学习伙伴)的帮助,利用必要的学习资料,通过意义建构的方式而获得的。教师的角色是学生建构知识的忠实支持者,而不是知识的灌输者。因此,任何教育信息的接收,都离不开传播信息的中介系统的配合和支持,中介是信息的载体和传导者,接收主体通过中介实现与外部信息的联系。正如列宁所言:"一切都是经过中介,连成一体,通过过渡而联系的,只有这样,才有整个世界(过程)的有规律的联系。"

建构主义的这一理论指出,在学生(认识主体)和中华优秀传统文化(认识对象)中间,必须要有一系列的中介,才能实现认识主体对认识对象的意义构建。这一系列的中介,主要包括以下几个方面。

首先,从事中华优秀传统文化教学的教师是最重要的中介力量。传统教育理念认为教师是学生学习的主体,但建构主义认为教师并不是知识的传授者,而是学生对知识构建的桥梁,发挥着中介的作用。从事中华优秀传统文化教育的教师,必须要强化自身的素质和能力,才能更好地引导学生完成对中华优秀传统文化的有效认识和吸收。因此,对从事中华优秀传统文化教育的教师提出了一些具体的要求。教师要具有专业的素养,要熟悉中华优秀传统文化的内容及其育人思想,并能够通过对中华优秀传统文化内容的解析,把其中的育人思想正确地传达给学生,使学生在接受中华优秀传统文化教学的过程中,心有所得,体味其中的育人思想,达成自身知识体系的构建。教师要具备相应的德育素养,所谓"学高为师,身正为范",作为传承与弘扬中华优秀传统文化的教师,其自身必须能体现出中华优秀传统文化的精神,并以其文化魅力和人格魅力来影响和感染学生。在中华优秀传统文化教学过程中,教师的人文素养得到学生发自内心的认同,就容易形成"亲其师而信其道"的育人氛围,有利于中华优秀传统文化育人功能的实现。

其次,要注重情感在中华优秀传统文化传播过程中的中介力量。《心理学大辞典》中将"情感"定义为"人对客观事物是否满足自己的需要而产生的态度体验"。情感具有强烈的驱动力、凝聚力,是人的认识活动中最为活跃的基本因素之一,并贯穿人类认识过程的始终。从心理学的角度来看,当人产生积极的情感时,大脑供氧充足,脑细胞活跃,思维敏捷,心情愉悦,容易产生信任感和积极配合的行为。美国心理学家斯托特兰德通过实验证明:当一个人知觉对方某种情感体验时,可以分享对方的情感,这就是情感的感染功能。在中华优秀传统文化的教学过程中,教师往往把自己摆在权威的位置,其所说的话更能引起别人的重视,这就是"权威效应"。然而,"权威效应"容易使大学生产生敬而远之的心理,从而拒绝接收教师所传播的信息。因此,作为传播中华优秀传统文化的教师,应该重视情感的中介力量,并能与教育对象共情,设身处地地体会教育对象的心理感受,从而构建以情动情的、和谐的教育氛围。

最后,要合理选择教学手段和教学平台。多媒体、课堂讨论、社会考察等直观、生动的教学手段的运用,更容易激发学生的学习兴趣,使其在内心深处对教学内容产生认同感,因此,教师要善于利用学生喜闻乐见的新媒体及互联网平台。张一春教授这样定义"信息化教学":"信息化教学是以现代教学理念为指导,以信息技术为支持,应用现代教学方法的教学。在信息化教学中,要求观念、组织、内容、模式、技术、评价、环境等一系列因素信息化。"信息化手段在解决亲和力和针对性这一问题上,有着得天独厚的优势。亲和力是一种发自内心的亲近和喜好,是学生接受教育信息的助推剂。

今天,发达的互联网为中华优秀传统文化育人功能的发挥提供了很好的渠道和平台。文化育人功能的发挥,只有文化资源和教育资源是不够的,还要借助传统的课堂、现代化的网络平台,甚至人工智能系统,来实现传播目的。

四、在教育环境方面的反思与改进

中华优秀传统文化育人功能发挥的效果,往往受外界环境的影响。西方社会的生活方式、价值观、道德观的入侵,使人对个性和物欲的追求被激发,拜金主义、个人主义、享乐主义、实用主义思想滋生,对独立思考和明辨是非能力尚不健全的大学生产生了很大的影响和冲击。此外,科学技术作为"双刃剑",一方面推动了人类文明的前进,改变了人们的生活方式;另一方面如德国著名哲学家赫伯特·赫尔茨所说的,"科学已准备在我们生活的许多领域中占据统治地位,并且按照自己的方式来改造人",使人异化。这些都不可避免地与中华优秀传统文化的理念相冲突,降低大学生对中华优秀传统文化的认同感和自豪感,严重地冲击大学生的道德文化传统,影响中华优秀传统文化育人功能的发挥。

因此,要实现高校对中华优秀传统文化育人功能的提升,就必须要优化大学生所处的环境。

校园是大学生接受文化熏陶的重要场所之一。良好的校园环境,特别是文化氛围,能给大学生以积极的情绪影响,使大学生受到潜移默化的熏陶和影响。《中国普通高等学校德育大纲(试行)》要求,高校要加强校园文化建设,优化育人环境,发挥环境的育人功能。高校应充分利用校园文化的导向性、凝聚性和参与性,积极开展学术讲座、专题辩论、演讲比赛、文学沙龙、音美鉴赏、礼仪大赛、宿舍评比等形式多样、特色鲜明的文化活动,以加强校园环境建设。这些活动,不仅使大学生的主体意识得到了强化,而且促进了其自我教育能力的提高,有利于其主体目标的实现。

社会环境是校园环境的延伸和发展。在社会中,积极开展中华优秀传统文化的宣传教育活动,有助于防止不良社会风气的滋生和蔓延,并能引导社会形成守秩序、讲信用、文明礼貌、和睦共处的良好氛围。因此,要通过大众传媒,建立良好的社会舆论氛围,为中华优秀传统文化育人功能的发挥提供良好的社会环境,强化社会成员对中华优秀传统文化的认同感和自豪感。

第三节　高校中华优秀传统文化教育教学管理

《极简管理:中国式管理操作系统》中说:"'管'原意为细长而中空之物,四周被堵塞,中央可通达;使之闭塞为'堵',使之通行为'疏'。'管'就表示有堵有疏、疏堵结合。所以,'管'既包含疏通、引导、促进、肯定、打开之意,又包含限制、规避、约束、否定、闭合之意。'理'本义为顺玉之纹而剖析,代表事物的道理、发展的规律,包含合理、顺理的意思。管理犹如治水,疏堵结合,顺应规律而已。所以,管理就是合理地疏与堵的思维与行为。"

一、管理的含义、内容与基本职能

管理是指组织中的管理者,通过实施计划、组织、领导、协调、控制等职能来协调他人的活动,使别人同自己一起实现既定目标的活动过程,是人类各种组织活动中最普通和最重要的一种活动。"科学管理之父"弗雷德里克·泰勒认为,管理就是确切地知道你要别人干什么,并使他用最好的方法去干。简而言之,管理就是指挥他人能用最好的办法去工作。

管理活动始于人类群体生活中的共同劳动,至今已有上万年历史,主要有三层含义:

其一,管理是一种有意识、有目的的活动,服务并服从于组织目标;

其二,管理是一个连续进行的活动过程,实现组织目标的过程,就是管理者执行计划、组织、领导、控制等职能的过程;

其三,管理活动要在一定的环境中进行,在开放的条件下,任何组织都处于千变万化的环境之中,复杂的环境成为决定组织生存与发展的重要因素。

管理的基本内容主要有以下四个方面。

其一,管理体系。管理包罗万象,渗透在各个领域,凡是有人群活动的地方,就有管理。上至一个国家和社会,下到每个家庭和每个人,都离不开管理。

其二,管理手段。社会是一个庞杂的大系统,千头万绪。对社会的管理,管理学家们提出机构、法、人和信息四种管理手段。机构,是使管理对象构成系统的组织结构。没有机构就组织不成系统,不成系统便无法管理。法,是基于管理目标制定的政策与法律。在管理活动中,法律规定被管理的人应该做哪些,不应该做哪些,是人们的行动准则。人,是管理中最活跃的因素。机构是人组成的,管理职权是人行使的,政策与法是人制定的。发挥人的积极性和创造性是做好管理的重要手段。信息,是管理的重要工具。不利用信息,就不知道事物的发展形势,就会造成管理的盲目性。

其三,管理对象。事物多种多样,纷繁复杂,千变万化。管理学家们提出了人、财、物、时间和信息五个主要的管理对象。人,是社会财富的创造者、物的掌管者、时间的利用者和信息的沟通者,是管理对象中的核心和基础,只有管好人,才有可能管好财、物、时间和信息。财,是人类衣、食、住及交往的基础,管理者必须考虑运用有限的财力,收到更多的经济效益。物,是人类创造财富的源泉,管理者要合理有效地运用物,使之为社会系统服务。时间,反映为速度、效率,一个高效率的管理系统,必须尽可能地用最短的时间,办更多的事情。信息,是使管理立于不败之地的关键。

其四,管理职能。成功的管理,应具有计划、组织、领导、控制和创新五项职能。计划职能,主要是完成一个组织需要的、能确保完成任务的、如何完成任务的相关规划。组织职能,是指完成一个组织的各种部门分工及各类资源的调配。领导职能,是指完成一个组织各种要素、各个部门关系的协调,完成相关的沟通和激励工作。控制职能,主要完成对一个组织发展过程中问题的矫正。创新职能,主要完成一个组织的创新发展。

二、教育教学管理的含义及基本内容

教育教学管理是教育管理和教学管理的统称。

教育管理就是管理者通过组织协调教育队伍,充分发挥教育人力、财力、物力的作用,利用教育内部各种有利条件,高效率地实现教育管理目标的活动过程。教学管理是国家对教育系统进行组织协调控制的一系列活动,是运用管理科学和教学论的原理与方法,充分发挥计划、组织、协调、控制等管理职能,对教学过程各要素加以统筹,使之有序运行,提高效能的过程。教育行政部门和学校共同承担教学管理工作。教学管理涉及教学计划管理、教学组织管理、教学质量管理等基本环节。

教育教学管理主要包括以下四个方面的内容。

其一,过程管理。教学过程是根据社会要求、教学目的及学生身心发展特点,由教师的教和学生的学所组成的活动过程。这个过程是由教师、学生、教学内容和手段等要素构成。教师是教学过程的主导因素,学生是教学过程的主体因素,教学内容和手段是教学过程的客观因素。教师教学的过程是由备课、上课、课外辅导、作业批改、成绩考评五个基本环节构成。学生学习的过程是由课前预习、听课、复习巩固、考试、掌握运用五个基本环节构成。教学过程的管理,也就是如何按照教学过程的规律来决定教学工作的顺序,建立相应的方法,通过计划、检查和总结等措施来实现教学目标的活动过程。

其二,业务管理。业务管理是针对学校教学业务开展的有计划、有组织的管理活动。业务管理是学校教学管理的重要组成部分,决定了学校教学管理的水平。

其三,质量管理。质量管理是按照培养目标的要求安排教学活动,并对教学过程的各个阶段和环节进行质量控制的过程。学校教学管理的中心任务就是提高教学质量。

其四,监控管理。监控管理分为教学质量监控和教学过程监控。监控管理,就是根据课程对教学的要求,对教学的过程和情况进行了解和监测,找出反映教学质量的资料和数据,发现教学中存在的问题,分析产生问题的原因,提出改进存在问题的建议,促进教学质量的提高,促进学生学习水平的提高和教师的专业发展,从而保证课程实施的质量,保证素质教育方针的落实。监控是过程,评价是结果,目的是促进。

三、系统论视角下的中华优秀传统文化教育教学管理

系统论,就是研究系统的结构、特点、行为、动态、原则、规律,以及系统间的联系,并对其功能进行数学描述的学科。系统论的基本思想是把研究和处理的对象看作是一个整体系统来对待。系统论的主要任务就是以系统为对象,从整体出发来研究系统整体和组成系统整体各要素的相互关系,从本质上说明其结构、功能、行为和动态,以把握系统整体,达到最优目标。系统论的核心思想是系统的整体观念。任何系统都是一个有机的整体,而不是各个部分的机械组合或简单相加,系统的整体功能是各要素在孤立状态下所没有的性质,系统中各要素不是孤立的存在,每个要素在系统中都处在特定的位置,起着特定的作用。要素之间相互关联,构成了一个不可分割的整体。要素是整体中的要素,如果将要素从系统中抽离出来,它将失去要素的作用。

高校推进中华优秀传统文化育人工作是一项系统工程,其效果如何,与内外环境、自身各个要素的发展息息相关。因此,高校推进中华优秀传统文化育人工作与系统论、系统科学有诸多契合的地方,可以借助系统论和系统科学的相关理论加以阐释。

中华优秀传统文化育人工作处于一个教育生态系统中,受内外各种因素的影响。从外部环境来看,高校推进中华优秀传统文化育人工作,要受制于外部的政治条件、经济条件、文化条件、社会条件、生态条件等。其中,政治条件,主要是国家的教育政策与文化发展政策;经济条件,主要是经济发展对公民文化素养提升的需求,以及经济发展能够提供的文化发展条件和教育条件;文化条件,主要是这一时期文化事业、文化产业的发展,革命文化、现代文化、优秀传统文化的发展情况与格局;社会条件,主要是社会大众对美好文化生活需求的变化;生态条件,主要是这一时期各地的生态建设情况。这些外部因素,都在一定程度上对中华优秀传统文化育人工作的效果产生影响。

中华优秀传统文化育人工作的开展,还取决于内在各个要素及其关系的协调。一是文化育人工作中各主体之间的关系协调,涉及教师与教师之间、教师与学生之间的关系,这些主体之间应该进行常态化、制度化的交流

与对话,要把教师之间、师生之间的关系置于育人系统中加以研究分析;二是文化育人工作中各个要素的发展情况,包括主体、方式方法、内容的发展、平台与监督环节等要素,任何一个要素都是影响高校中华优秀传统文化育人工作的重要因素。

高校在推进中华优秀传统文化育人工作时,应该高度重视文化育人结构的设计、建设和运行,形成一个统筹协同的工作格局,这也是教育管理中需要引起高度重视和具体落实的问题。

系统论强调中华优秀传统文化育人体系中的各个要素之间的互动与平衡,以激发其最大的效能,因此,系统论视角下的文化育人工作,必须要注重以下四方面内容。

其一,在文化育人的理念方面,高校推动中华优秀传统文化育人工作,管理者或教师应该具备相关的教育理念和工作理念,如质量理念、人本理念、科学理念、效益理念等,要明确以学生为本的理念,在教学中考虑学生的需求与接受程度,分析把握学生的学习规律和文化育人的规律,确立过程和质量监控流程,强化对中华优秀传统文化育人功能实践的融入,推进实践的常态化、制度化和长效化。同时,在中华优秀传统文化育人工作的过程中,要把中华优秀传统文化作为重要的平台和产品,充分挖掘其中的优质资源,用心建构,认真设计。

其二,在文化育人的主体方面,真正参与推动高校中华优秀传统文化育人工作的主体有以下三个:

一是承担中华优秀传统文化相关课程的教师,如中国历史、中国文化概论、中国传统文化等课程的教师,这些教师出于自身的兴趣及教学研究需要,推动中华优秀传统文化育人工作的积极性、主动性和创造性相对较强;

二是从事中华优秀传统文化相关专业课程的教师,如中国传统音乐、中国传统舞蹈、中国传统绘画等课程的教师,在讲授中华优秀传统文化相关内容时,往往侧重于自身的知识结构和专业内容,会出内容不够全面、教学的创新手段不足等问题;

三是思想政治课程的教师,在授课过程中或多或少地涉及中华优秀传统文化的内容,更注重整体性内容的阐述,不可能对中华优秀传统文化进行专题讲解,其对中华优秀传统文化育人工作开展的自觉性、主动性和探究精神就显得非常不足。

因此,高校中华优秀传统文化育人工作的开展,需要从上到下的全力配合与支持,除了直接参与教学过程的教师和学生之外,学校领导和各职能部门要做好指导、组织、维护、分析、监督等管理工作，以提升高校中华优秀传统文化教育的效果。

其三，在文化育人的内容方面，推动高校中华优秀传统文化育人工作，必须高度重视育人内容的设计、建设和创新发展。高校在推动中华优秀传统文化育人工作时，还应该注意注入新的元素、新的内容，力求丰富和发展中华优秀传统文化育人内容。例如，从学生专业发展的角度，拓展、挖掘和开发中华优秀传统文化育人资源的相关内容；从立德树人、五育并举的角度，充分利用中华优秀传统文化所蕴含的道德教育内容；从学生心理需求和兴趣爱好的角度，设计、拓展中华优秀传统文化育人工作的内容体系。这些内容建设，能使中华优秀传统文化育人工作的内容更接地气，更具吸引力和感染力，促进中华优秀传统文化育人工作质量的提高。中华优秀传统文化博大精深，作为文化育人的主要内容，在高校开设中华优秀传统文化课程时，应该根据不同专业大学生的文化底蕴和接受能力，对教学内容进行有目的、分层次的设计，以符合不同层次大学生的认知要求。

其四，在文化育人的管理方面，对中华优秀传统文化育人工作整体过程和各个要素的监控管理和督促发展，是高校推动中华优秀传统文化育人工作质量提升、持续发展的关键。没有持续的监督，就没有持续的前行动力。高校应构建对中华优秀传统文化育人工作全过程的管理和监督机制，立足质量，推动高校中华优秀传统文化育人工作持续改进。

要建构高校中华优秀传统文化育人的控制和监督体系，开展全程督导工作，要通过技术手段对中华优秀传统文化的育人过程进行量化分析，把握文化育人过程和各要素的质量控制情况，加强每一个教职工的文化情怀、文化责任、文化担当、教育职责和教育意识，建构中华优秀传统文化育人工作的责任落实机制，形成中华优秀传统文化育人工作全员参与、集体行动的强大合力。

第五章 教育学视角下高校中华优秀传统文化育人研究

　　教育学是一门研究人类的教育活动及其规律的社会科学,广泛存在于人类的生活中。通过对教育现象、教育问题的研究可以揭示教育的一般规律。

　　教育学的研究对象应是以教育事实为基础,在教育价值观引导下形成的教育现象或问题,其目的在于探索和揭示教育活动的规律性,以服务于教育实践。

　　马克思主义教育学者认为,教育学只有自觉地以马克思主义为指导,在教育研究中切实做到历史与逻辑、事实与价值、一元与多元、理论与实践的统一,才能真正把教育学变成教育科学。

第一节　五育并举理念下的高校中华优秀传统文化育人工作

高校开展中华优秀传统文化育人工作,是为党育人、为国育才,不仅仅是对学生进行文化教育的过程,更是对学生德、智、体、美、劳全面教育的过程。

一、五育并举的内涵

五育并举是由教育思想家蔡元培首先提出的,主张"军国民教育、实利主义教育、公民道德教育、世界观教育、美感教育皆之教育所不可偏废"。主张五育并举,是蔡元培教育思想的一个显著特点。

辛亥革命胜利后,在中国实行了几千年的封建统治被推翻了,中国正处于一个重要的历史转折关头。在教育领域针对封建教育的改革刚刚起步,只是颁布了一些具体的暂行规定,缺乏明确的教育指导思想和新的教育宗旨,迫切需要在统一的教育思想指导下,尽快地确定人才培养的目标和要求。在这样的形势下,1912年2月,蔡元培发表了著名的教育论文《对于新教育之意见》,比较系统地提出了五育并举的思想。

蔡元培从养成共和国民健全人格的观点出发,提出军国民教育、实利主义教育、公民道德教育、世界观教育和美感教育五育并举的教育思想,突破了中国近代社会"中体西用"的人才培养模式,体现出对传统教育思想的继承、超越,以及对西方教育思想的主动汲取。五育并举是中国近代教育史上第一个充分体现社会价值与人的发展价值相统一,追求人的自由、和谐发展的教育思想。

蔡元培的五育并举思想符合当时历史发展的要求,也符合人的全面发展的教育规律,是教育思想史上一个巨大的进步。

新时期,本着培养全面发展的人的原则,五育并举是指德育、智育、体育、美育、劳动教育和谐发展,其根本目的就是培养德、智、体、美、劳全面发展的人。

二、五育融合的理论

五育融合是指在现代化教育中通过重视并实施德育、智育、体育、美育、劳动教育,促进人的全面发展。它既是现代化国家对人的素质的综合要求,也是现代化教育想要达成的一个目标。

五育作为全面发展教育的组成部分,既不能相互替代,又不能彼此分割。我国著名人口学家吴忠观认为,德育是教育者按照一定社会或一定阶级的要求、有目的、有计划、有组织地对受教育者施加系统的影响,把一定的社会思想和道德转化为个体的思想意识和道德品质的教育。德育是使受教育者拥有坚定的中国特色社会主义思想和良好思想道德素质的教育,是实施其他教育的导向。智育是传授系统的文化科学知识和技能,提升受教育者才干和智慧的教育。智育是实施其他教育的基础。体育是向受教育者传授健身的知识技能,增强受教育者体质,发展受教育者体力和运动能力,养成受教育者锻炼身体和卫生习惯的教育。体育是提升学生身心素质的教育,是其他教育的前提。美育是培养受教育者具有正确的审美情趣,以及鉴赏美、创造美的能力的教育。劳动教育,是使受教育者树立正确的劳动观点和劳动态度,热爱劳动和劳动人民,养成劳动习惯的教育。美育和劳动教育是将德育、智育、体育充分展现和运用的主要途径。

德育、智育、体育、美育、劳动教育五项本就是相互联系的,五育融合是价值观念的融合,是中华优秀传统文化的融合,是社会主义核心价值观的融合,是先进教育理念的融合,是精神品质的融合。

首先,五育融合是价值观念的融合。通过将正确的价值观念与学校的办学理念、育人目标和制度建设相融合,形成上下一体、内外协同的学校文化价值体系,成为贯穿整个教育过程的灵魂和主线,为师生的共同发展提供目标导向、价值引领和行动准则。因此,学校必须坚持五育并举,五项教育一项都不能少,一项都不能弱,彼此互动,相互影响,共同发力,融合育人。

其次,五育融合是中华优秀传统文化的融合。牢记习近平总书记关于"把马克思主义基本原理同中国具体实际相结合、同中华优秀传统文化相结合"的重要思想,立足学校发展实际,把中华优秀传统文化的精髓和要义,即思想观念、人文精神和传统美德等融入学校文化制度体系中,传承好中华优秀传统文化,让学校文化制度富含中国底色和中国基因。

再次,五育融合是社会主义核心价值观的融合。社会主义核心价值观是新时代统领和规范社会主义合格公民的主导的价值取向和行动准则,也是培养社会主义建设者和接班人的应有之义,理应进入学校文化制度体系中,成为学校践行立德树人根本任务的有效落实机制。

又次,五育融合是先进教育理念的融合。德育、智育、体育、美育、劳动教育五育并举,本就是融合了中西方先进教育理念而产生的,其在学校教育的集中体现是学校文化制度体系。学校文化制度体系是有利于学生身心健康成长的动态开放的文化生态系统,合理汲取人类文明成果、集中体现时代先进教育理念,如学习者中心理念、和谐共生理念、终身教育理念等,有利于培养全面发展的人。

最后,五育融合是精神品质的融合。科学精神与人文精神相统一是新时代的精神品质,不仅推动人类文明成果的创造,还能引领人类走向真善美的价值追求,是人必备的核心素养。德育、智育、体育、美育、劳动教育五育融合,正是遵循科学精神与人文精神相统一的原则,并集合人类优秀的精神品质,深刻地影响学校教育的育人目标和价值导向。

构建五育融合的教育高质量发展新体系需要纵向和横向两方面的考量。

首先,在纵向上,构建"大中小幼"一体化的立德树人新机制,打破原有的学段分割、各自为战的教育"孤岛"模式,用一条育人主线将各个学段有机衔接,实现学段之间育人目标的融通协同,按照学生的认知规律,在上升递进发展的过程中由浅入深、由少到多逐步进行。这种一体化的教学理念,主要体现在以下三个方面。

一是教育目标一体化,总体目标和阶段目标相结合。教育目标是指人的发展所应达到的理想状态,是立德树人根本任务的落实。教育目标对教学内容、教学方式、教学评价等有直接的指导性和导向性作用,并紧紧围绕教育总目标递进发展。从目标递进发展上讲,从低到高、由浅入深,是在教育总目标统筹安排下的层次递进:小学阶段是普及和感知,初中阶段是深化和强化,高中阶段是内化和判断,大学阶段则是基本形成和定型。

二是教育内容一体化,直线式和螺旋式相结合。教育内容一体化,在整体内容的设计上呈直线式深入,要注意学段间的衔接;同一主题的内容呈螺旋式扩张,要在内容上有所延伸。

三是教育方式一体化,统一性和灵活性相结合,分散教育和集中教育相结合。教育方式一体化,是在统一的教育思路的前提下,教师根据班情、学情,着力解决如何教和如何学的问题,统筹学生需求和现实问题,融合不同

94

方法开展教学活动。

其次,在横向上,积极推进课内外贯通融合。人的成长发展,特别是道德发展,是在社会性实践活动中逐步形成的。就学生而言,他们的道德品质与社会性发展,更多地来自他们对周围世界与社会生活的感知和体悟,要通过对学校课程体系、育人方式、教育管理等方面的重新建构,着力营造德、智、体、美、劳融合发展、全面育人的教育新生态。五育融合不是在现有教育形态基础上对欠缺部分的修修补补,而是通过多维立体育人机制的全新构建,在教育高质量发展的大背景下对教育的重塑和革新。

五育融合是以学生的全面发展为目标,是对"怎样培养人""培养怎样的人"问题的科学回答,强调了个体发展的五个维度,并通过融合的方式,在互相交融、互相渗透、互相滋养的过程中促进学生的全面发展。

三、五育并举理论下高校开展中华优秀传统文化育人工作的现状

从整体上来看,高校在开展中华优秀传统文化育人工作时,都在提倡五育并举、五育融合理念,但在实际教育过程中,在育人理念、育人内容、育人方式、育人主体、育人评价等方面还有不足之处。

从事中华优秀传统文化教育的教师,一般对五育并举都有了解,在教学设计和教学中都能坚持五育并举的理念,但在实际的课程教学过程中,五育并举的理念执行得不够全面,还做不到常态化。中华优秀传统文化在德育方面具有较大的优势,因此其教学内容更多侧重于德育建设,容易忽略智育、体育、美育、劳动教育方面的内容,导致五育并举理念与中华优秀传统文化的融合在实践中落实不到位的问题。这就要求高校在推动中华优秀传统文化育人工作时,坚持顶层设计和常态化理念,加强制度建设,在课程设置和教学内容设计上加以规定,使中华优秀传统文化育人工作的开展得到学校支持和制度保障。

在开展中华优秀传统文化育人工作过程中坚持五育并举、融合发展,关键是要在育人内容的设计与教学实践中坚持五育并举和融合发展。在五育并举理论下,高校开展中华优秀传统文化育人工作,要对照五育并举的内容建设要求,对中华优秀传统文化体系中的德育文化资源、智育文化资源、体育文化资源、美育文化资源、劳动教育文化资源进行有效的挖掘与开发。此外,高校还要对照五育并举和融合发展的需要,积极引进其他学科中蕴含的

德育文化资源、智育文化资源、体育文化资源、美育文化资源、劳动文化教育资源,推动中华优秀传统文化育人内容的扩展与延伸,丰富中华优秀传统文化育人内容,并且有所创新和发展。

在开展中华优秀传统文化育人工作过程中坚持五育并举、融合发展,除了要在教育内容上有所体现之外,一个关键点就是要在教育方式方法上有所体现。高校在推动中华优秀传统文化育人工作过程中,要借助道德教育方式、智能教育方式、体育教育方式、审美教育方式、劳动教育方式中学生乐于接受的各种教学方式和教育形式,创新文化育人的方法与形式,改变单一的课堂教学的常规方式,除了一般的文化宣传教育外,也应该开展丰富多彩的文化教育活动。

在开展中华优秀传统文化育人工作过程中坚持五育并举、融合发展,需要在教育主体联动上下功夫,要把文化育人的主体与其他学科教育的主体联动起来,真正将五育并举、融合发展的理念落到实处。当下,从事中华优秀传统文化育人工作的教师,与从事德育工作的思政教师、从事体育工作的体育教师、从事智能教育的专业教师、从事美育工作的艺术教师、从事劳动教育和学生工作的教师之间的常态化联系渠道没有建构起来,阻碍了不同学科的教师交流讨论、共同开展教学活动的可能。

在开展中华优秀传统文化育人工作过程中坚持五育并举、融合发展,要在教育评价方面,积极建构文化育人的评价体系与评价指标,将五育并举、融合发展的要求作为重要的考核评价要求纳入其中,以此来推动中华优秀传统文化的育人工作不断前行发展。

四、以五育并举理论完善高校中华优秀传统文化育人工作

高校积极采用五育并举理论来推进中华优秀传统文化育人工作,不断拓展文化育人的空间和内容,筑牢文化育人的基础,提升中华优秀传统文化的吸引力、感染力和影响力。

首先,要以五育并举、融合发展的育人理念,重构中华优秀传统文化的育人工作。理念是行动的先导。因此,在五育并举理论下推进高校中华优秀传统文化育人工作,应坚持和不断强化五育并举、融合发展的理念,并在教学内容、教学方式、教学评价和教师交流中贯彻落实,重构文化育人的理念体系。在五育并举融合发展的理念主导下,将文化育人理念、科学育人理念、

复合育人理念、创新育人理念等都充实完善,形成更加科学、先进的教育理念。

其次,要加大中华优秀传统文化中五育资源的开发力度。教育内容决定教育的境界和质量。因此,在五育并举理论下推进高校中华优秀传统文化育人工作,应在教育内容上下功夫。针对中华优秀传统文化相关课程内容缺乏德育、智育、体育、美育、劳动教育要素的现状,高校应按照五育并举、融合发展的要求,挖掘中华优秀传统文化体系中德育、智育、体育、美育、劳动教育方面的教育资源和教育养分,不断提升中华优秀传统文化育人工作的范围和品质。

再次,要借鉴五育教学方法,改革中华优秀传统文化教育的教学方法。教育方法影响教育效果。因此,在五育并举理论下推进高校中华优秀传统文化育人工作,应针对中华优秀传统文化的核心内涵,借鉴道德教育、智能教育、体育教育、审美教育、劳动教育的教学方法和形式,积极推进中华优秀传统文化教育方法和教育形式的改革创新,不断提升中华优秀传统文化育人功能的吸引力。

又次,要构建不同学科教育的行动共同体,强化中华优秀传统文化教师与五育教师间的学习与交流。推动教育改革行动的关键在于教师的交流与互动。因此,在五育并举理论下推进高校中华优秀传统文化育人工作,应树立教育行动共同体理念,构建中华优秀传统文化教师与五育教师队伍间的交流和教学机制,提升教师队伍的专业能力、职业能力和整体素质,落实五育并举、融合发展的教育行动共同体。

最后,要建立五育并举、融合发展的评价体系,强化评价监督机制。建立正确全面的育人评价体系,能够有效监督和提高教学质量,推动高校中华优秀传统文化育人工作的高质量发展。因此,在五育并举理论下推进高校中华优秀传统文化育人工作,应对文化育人的评价体系进行重建,将五育并举、融合发展理念的各项要求纳入中华优秀传统文化育人工作评价体系中,并对整个教育过程和结果进行评价,以强大的监督和评价力量推动高校中华优秀传统文化育人工作健康有序地发展。

总之,五育并举理论为当下高校中华优秀传统文化育人工作的开展提供了全新的视角和发展空间。高校可以对照五育并举、融合发展理念的要求,审视中华优秀传统文化育人工作中存在的不足和问题,找出其中的差距和原因,坚持问题导向、目标导向和结果导向,积极完善和创新文化育人方案,并大胆实践、付诸行动,从而不断提升中华优秀传统文化育人工作的质量,助力教育强国建设。

第二节　三大教育类型助力高校中华优秀传统文化育人工作

专业教育、职业教育、通识教育是当今高校教育格局的三驾马车,将中华优秀传统文化育人活动置于其中,有利于在阐释专业教育、职业教育、通识教育基本理论的基础上,建构中华优秀传统文化育人研究的框架,并提出和阐释新时代高校中华优秀传统文化育人活动如何在助力学生职业教育、专业教育和通识教育中不断完善和发展,从而获得更广阔的发展空间。

一、专业教育、职业教育、通识教育的基本内涵

1.专业教育

专业教育是指根据一定的专业要求,为培养各类专业人才而进行的教育。专业教育是社会发展的产物,是人类文明发展的产物,是人才成长的途径之一。

专业教育通常在高等学校、中等专业学校等机构进行,根据不同专业领域的需求,设置相应的专业课程,以培养专业人才为目标。专业教育的内容包括理论知识和实践技能两方面,注重培养学生的专业素养、实践能力和创新精神,以满足专业岗位的需求。

专业教育具有以下特点:

一是实践性,专业知识是现场取向的实践知识,其工作重心必然在实践领域;

二是研究性,专业教育是在研究和创新中不断拓展知识边界,不断将理论转化为实践,从而促进专业教育的持续发展;

三是复合性,在人才培养上不仅强调知与行的统一、理论与实践的统一,更强调要培养学生的专业伦理和批判性思维能力;

四是终身性,随着知识的不断拓展,专业也在不断发展,只有职前教育是不够的,因此,专业教育必然是终身教育。

专业教育和职业教育在很多方面有共性：

第一，两者培养的人才都直接指向具体的职业，因而在人才培养类型上有一定的共性；

第二，两者都具有鲜明的实践性特征，在培养目标中都强调对实践技能的掌握，因而在教学和人才培养方式上也有一定的共性。

同时，专业教育又不同于职业教育：

第一，教育类型不同，专业教育属于工程教育类，而职业教育属于技术教育类；

第二，本质不同，专业教育的本质是专门职业导向，而职业教育的本质是一般职业导向；

第三，培养的人才能力结构不同，专业教育和职业教育培养的虽然都是应用型人才，但专业教育的研究性、复合性特点决定了其培养的是研究型人才、复合型人才，职业教育培养的是实施型人才，是具有生产、管理、经营、服务一线实际能力的专业技术人才或管理人才；

第四，教育层次不同，我国一般将职业教育层次定位于专科，而专业教育由于其所对应的岗位的专业性更强、要求更高，需要通过时间更长、层次更高的培养和熏陶才可能完成，因而一般要求在本科及以上层次。

专业教育的重要性在于为社会提供各类专业人才，满足不同领域的人才需求。随着科技的发展和社会的进步，专业教育涉及的领域和内容越来越广泛，包括工程、医学、法律、教育、经济、艺术等领域。同时，随着职业岗位要求的不断提高，专业教育也在不断更新和改进，以适应时代的变化和需求。总之，专业教育是培养各类专业人才的重要途径，对社会的发展和进步有重要的作用。

2. 职业教育

职业教育是一种以培养实用型、技术型、复合型专业人才为目标的教育方式，是使受教育者具备从事某种职业或职业发展所需要的职业道德、科学文化与专业知识、技术技能等综合素质而实施的教育活动。

职业教育的目的是培养应用型人才，以及具有一定文化水平和专业知识技能的社会主义建设者，与普通教育和成人教育相比，职业教育侧重于对受教育者实践技能和实际工作能力的培养。2022 年 4 月 20 日，第十三届全国人民代表大会常务委员会第三十四次会议修订的《中华人民共和国职业教育法》获得通过，其开宗明义地指出："职业教育是与普通教育具有同等重要地位的教育类型，是国民教育体系和人力资源开发的重要组成部分，是培养多样化人才、传承技术技能、促进就业创业的重要途径。"《中华人民共和国职业教育法》正式将职业教育作为我国教育体系中一个单独的教育类型。

职业教育是社会发展的产物,也可以说是人自身发展的产物。职业教育可以分为中等职业教育和高等职业教育。

中等职业教育是我国教育体系中的重要组成部分,为我国经济发展提供了大量的技术人才。中等职业教育学校的培养方向与我国社会主义现代化建设的要求相适应,使学生的德、智、体、美、劳全面发展,具备综合职业能力,成为在生产、服务一线工作的高素质劳动者和技能型人才。学生们应当热爱祖国,能够将实现自身价值与服务祖国人民结合起来,掌握必要的文化知识、专业知识和比较熟练的职业技能,具备基本的科学文化素养、继续学习的能力和创新精神,具有良好的职业道德、较强的就业能力和一定的创业能力,具有健康的身体和心理,以及欣赏美和创造美的能力。

中华人民共和国成立的70多年来,中等职业教育为我国培养了数亿技能型人才,在人才培养模式、培养路径等方面取得了一定的成效。在新时代背景下,中等职业教育培养的人才与社会经济发展和市场需求有一定的差距,出现了一些现实的问题。

高等职业教育是教育体系中的重要组成部分,旨在培养具有专业理论知识和实践技能的高素质技术技能人才。我国高等职业教育已经形成了涵盖专科、本科、硕士、博士四个层次的相对完整的教学体系。

专科层次的职业教育主要培养生产一线的高级工和服务一线的高级技能型人才。本科层次的职业教育分为应用型本科教育和职教师资型本科教育,应用型本科教育注重实践教学环节,职教师资型本科教育注重双师型能力建设。硕士层次的职业教育主要包括专业硕士学位、中职学校教师在职攻读硕士学位和全日制职业技术教育学专业硕士研究生的培养,明确各自的培养目标、采用灵活的教育教学模式,加大实践教学环节。博士层次的高等职业教育主要包括专业博士学位和职业技术教育学博士研究生教育,针对该领域重大实际问题,着力提升学位申请者对本领域的实际贡献,激发创新性成果的涌现。

大力发展职业教育,有利于提高全民综合素质和劳动者的整体素质。当今世界,以人的素质为基础的综合国力竞争日趋激烈,全民综合素质的提高已成为当务之急,这就要求把教育摆在优先发展的位置。职业教育,从提高劳动者的职业能力和就业能力出发,有利于促进就业率。就业率反映了一个国家或地区经济的发展水平,是一个关乎社会稳定的民生问题。大力发展职业教育,有利于推动中国走新型工业化道路。新型工业化的重心是发展高技术产业,而发展高技术产业的重要基础是人才。中国走新型工业化道路,需要大量技能型、应用型的高素质劳动者。

职业教育不仅能够让学生掌握科学文化理论知识,还注重对学生实际操作技能和职业能力的培养。从这个意义上看,职业教育相比于普通中等、高等教育,与国家产业结构的调整和转型有着更加直接而密切的联系。发展职业教育能够提高我国就业人口的综合素质,满足国家产业结构升级的需要,同时提升我国的城镇化质量,推动国民经济持续健康的发展。

3. 通识教育

通识教育是一种非专业性的、非功利性的基本知识、技能和态度的教育,旨在培养全面发展的个人。通识教育涵盖各个学科领域,文理渗透,各学科间彼此融合,使学生在学好专业知识的基础上扩大知识面、完善知识结构。通识教育注重培养学生的文化素养、科学知识、宏观视野、生命智慧、思辨能力、沟通技巧及终身学习能力,旨在让学生能够更好地适应社会和职业发展的需求,成为有责任感、有担当的公民和人才。

通识教育的思想,源远流长。《易经》主张"君子以多识前言往行",《礼记·中庸》主张做学问应"博学之,审问之,慎思之,明辨之,笃行之"。古人一贯认为博学多识就可达到出神入化、融会贯通的境界。《淮南子》中有"通智得而不劳"一说。《论衡》中有"博览古今者为通人""通书千篇以上,万卷以下,弘畅雅闲,审定文读,而以教授为师者,通人也""通人胸中怀百家之言"等语。通识教育可培养出"通人",或可称之为"全人",即博览群书,知自然人文,懂古今之事,博学多识,通情达理,多种才能兼备的人。

通识教育思想在西方起源也很早,亚里士多德主张"自由人教育",他的对话式、散步式、讨论式多学科教育,被称为"吕克昂式逍遥学派";纽曼倡导的博雅教育,主张培养博学多才、行为优雅的人。

在中国现代高校教育的语境下,最先提出"通识"一词的是钱穆先生。他于1940年撰文《改革大学制度议》,提出"智识贵能汇通",并警示中国大学"一门学术之发皇滋长,固贵有专家,而尤贵有大师……今日国内负时誉之大学,其拥皋比而登上座者,乃不幸通识少而专业多"。1941年,梅贻琦先生和潘光旦先生在《大学一解》中,也提出了"通识为本,而专识为末,社会所需要者,通才为大,而专家次之,以无通才为基础之专家临民,其结果不为新民,而为扰民"的著名论断。如今,中国社会和高校经过数十年高歌猛进的现代化建设,通识教育的现实基础已经具备。

通识教育重在"育"而非"教",因为通识教育没有专业的硬性划分,它提供的是多样化的选择。学生们通过多样化的选择,得到了自由的、顺其自然的成长。可以说,通识教育是一种人文教育,它超越功利性与实用性。我们之所以要以大学问家、大思想家为榜样,是因为他们身上有独立的人格与独立思考的能力,而这正是通识教育的终极追求。因此,教育不是车间里的生产流水线,制造出来的都是同一个模式、同一样的思维,而是开发、挖掘出不同个体身上的潜质与精神气质,要"孕育"出真正的"人"而非"产品"。

通识教育的性质决定了通识教育存在的合理性。随着社会经济的高速发展,以及全球化趋势的日益加强,导致整个世界的联系更加紧密,不同文化间的冲突与碰撞逐渐加剧,迫切需要高校开展通识教育以应对文化冲击与挑战。在这种大环境下,专业知识解决不了情感、伦理及道德方面的问题,只有通过通识教育确立文化自信、伦理精神与道德底线,才能使我们坚定正确的方向。此外,过分强调专业划分,把学生限制在一个狭窄的知识领域,不利于学生的全面发展。社会发展的日新月异,不仅需要学生具有专业能力,更强调学生的综合能力,以适应社会需求和岗位需求的变化。

二、专业教育、职业教育、通识教育融合互动的基本理论

作为现代高校的三大教育类型,专业教育、职业教育与通识教育有各自的教育重点,有相互助力的内在逻辑。

1. 专业教育与通识教育的关系

专业教育与通识教育的关系,主要体现为素质教育与通识教育关系的阐释。

改革开放以来,素质教育作为教育主线,贯穿中国教育的方针政策和改革实践。特别是自 1995 年以来,在高校实施的以文化素质教育为切入点和突破口的素质教育与通识教育交织在一起,引发了中国高等教育的巨大变革。多年来,在具体的教学实践中,素质教育与通识教育之间并没有一个明确的区分,对于素质教育的界定也不够明确,以致长期存在"素质教育是个筐,什么都往里面装"的现象。近年来,尤其是党的十八大以来,以中华优秀传统文化教育为核心的通识教育日渐升温,大有取代素质教育之势。与其说素质教育正在被通识教育所取代,不如说二者日益交织在一起推动中国高校教育改革。通识教育之所以日渐升温,正是借助改革开放以来我国大

力倡导素质教育的"东风",并很快得到高校认同。

实际上,素质教育和通识教育有异曲同工之妙,在目标上,二者都强调培养人格健全、全面发展的完整的人;在内容上,二者均提倡不论何种学科专业的学生,都需要涉猎人文、社会、自然科学三大领域的知识;在途径上,二者通过高校的思政课程、第二课堂等活动成效显著。

当下,中国的社会环境已经发生巨大变化,一方面,政治、经济、文化建设取得巨大成就,教育也有实力、有能力从社会本位论转向个人本位论;另一方面,高等教育已经从精英化经过大众化迅速走向普及化。这意味着,在中国,本科教育已经成为大多数青年需要接受的基础教育,因此,高等教育的教育理念、教育内容和人才培养模式都要相应地改变,不能"身子"进入普及化,"脑子"停留在大众化,"习惯"停留在精英化。

因此,中国高等教育必须更新教育理念,改革教育内容,创新培养模式,以素质教育思想为统领,着眼于培养具有一技之长的高素质人才,构建通识教育和专业教育相结合的培养制度。

要将素质教育作为高校的教育理念,与立德树人的根本任务融为一体,致力于全体大学生的全面发展,真正做到以人为本,从注重培养"专才",转向注重培养"健全之人",让每一个人成为最好的自己。高校的通识教育要从专业化转向基础化,为全面提高人才培养质量夯实基础。

在素质教育思想的统领下,高校要培养具有一技之长的高素质人才,需重构课程体系、平衡通识教育和专业教育,改革教学方式方法,从注重"教"到注重"学",从"以教师为中心"到"以学生为中心",要将素质教育思想、育人目标,以及通识课程建设纳入高校教学评估指标体系当中。

新时代,高等教育的内部和外部环境都发生了巨大变化,发展素质教育也要与时俱进。不同层次、不同类型的高校在不同的历史阶段应寻找不同的途径和手段,实现素质教育多样化、特色化发展,要结合自身特色制定不同的知识、能力、素质标准,以成果为本的思路,系统设计相应的通识教育内容,走出教育困局。

今天,素质教育同各级各类教育、各学科专业、各社会职业都有联系,因此,可以采用"素质教育+X"模式,打造五个课堂,即第一课堂通识课程、第二课堂课外活动、第三课堂寄宿学院或育人书院、第四课堂专业教育素质化课堂、第五课堂校园文化熏陶。其中,通识课程作为实施素质教育的主要路径,可以采用阅读经典、小班讨论、实践调研等方式改善教学效果。把具有中国文化特色的通识课程作为大学生的必修课,选修课也应以学生为中心创新教学方式方法,提升课程品质。

在制度层面,要打破专业教育一统天下的局面,通过高校组织结构调整、培养制度改革、专业内涵变化等,构建素质教育思想引领下的通识教育与专业教育相结合的教育模式,倡导在低年级加强通识教育,高年级再进行专业分流。通识教育与专业教育之间存在差异,需要通过融合创新,逐渐探索出一条行之有效的专业教育与通识教育融合发展之路。

2. 职业教育与通识教育的关系

职业教育是以培养人的职业能力为主要任务的,而通识教育则要培养全面发展的人,更加注重对受教育者人文精神的培养。虽然二者的培养目标不一致,但是把职业教育与通识教育简单地对立起来是不妥当的。新时代,科学技术迅猛发展,经济水平不断提高,职业教育正越来越受到各方面的重视,职业教育的迅速发展有其自身的必然性与合理性。职业教育作为一种就业型的教育,与通识教育的关系也十分紧密。在培养新时代劳动者职业能力的同时,不能忽视对其自身人文素养的培养,高等教育应极力促进职业教育与通识教育的良性互补、有机整合、融会贯通。一方面,在通识教育的实践中,需要培养创新型人才,要加强受教育者系统的职业化训练,使受教育者能够具备立足社会的专业技能。因此,在推进通识教育的过程中,要注重做好做强职业化教育。另一方面,在加强职业教育的同时,要努力促进职业教育与通识教育的互通互补,使新时代的大学生不仅具备专业的技术技能以立足社会,还具备深厚的人文情怀和人文素养,促进大学生的全面发展。这也是在职业教育深入开展的同时,深化通识教育的呼声和要求不断增加的一个重要原因。

因此,对于培养新时代合格的建设者而言,要把职业教育与通识教育相结合,以专业能力立足社会,以通识教育育人铸魂,才是高校人才培养的必由之路。

3. 职业教育与专业教育的关系

职业教育与专业教育是教育体系中的两个重要组成部分,旨在培养具有特定职业能力和专业素养的人才,在具体的层面有一定的差异,如教育目标、课程内容、师资队伍、评价方式等方面。

职业教育的教育目标是通过职业化和实践性的教育,培养具有职业素养和实际操作能力的人才;专业教育的教育目标则是以学科为基本单位,培养具有深厚学科基础和宽广视野的高层次专业人才。

职业教育的课程内容以职业性和实践性内容为主,注重培养学生的实际操作能力和职业技能,与行业和企业需求紧密相连;专业教育则注重对学科理论知识和综合素质的培养,课程内容通常包括基础课程和专业知识课程等。

职业教育的师资队伍注重教师的职业技能和实践操作,通常具备一定的行业背景和实践经验;专业教育的师资队伍则注重教师的学科理论知识和综合素养,通常由学科专家和学者组成。

职业教育重点考察学生的实际操作能力和职业素养,其评价方式通常采用实践考核和课程考试等方式;专业教育重点考察学生的学科基础和综合素养,其评价方式通常采用考试成绩和论文评级等方式。

职业教育以学习具体职业技能和就业为目的,专业教育以培养专业能力和专业知识为目的。职业教育是培养受教育者的职业素养和实操技能的教育活动,其课程体系包括职业教育所对应的专业的专业课程及实践活动;专业教育是培养各级各类专业人才的教育活动,以向受教育者传授专业知识为主。二者虽有不同,却相互联系:职业教育可以进一步深造为专业教育,以实现专业领域内知识的深耕和学历的提升;专业教育则可以助力职业教育的进一步发展,给予其更专业化的指导,以提高职业教育的理论素养。

专业教育、职业教育、通识教育三大教育类型融合互动,有助于这三大教育的开展。专业教育与职业教育融合发展,有利于促进受教育者对专业技术技能的掌握,在其中融入通识教育则更有利于培养有人文精神和情怀的劳动者,使其成为全面发展的人才。社会的发展,科技的进步,对人才的专业性、技能性要求不断提高,对于劳动者而言,仅有人文情怀是远远不够的,还必须要有一技之长,方能立足社会,创造价值。因此,专业教育、职业教育、通识教育三大教育类型融合互动,才能显现其育人的价值。

三、中华优秀传统文化推动三大教育类型融合发展

中华优秀传统文化作为育人的优秀资源,可成为实现专业教育、职业教育和通识教育融合发展的资源纽带,使三者的优势能够共通共享,最终实现育人目标。以中华优秀传统文化推动专业教育、职业教育和通识教育的融合,必须要研究中华优秀传统文化育人活动如何贯穿三大教育类型,发挥协同育人作用,主要解决以下三个问题:一是以中华优秀传统文化育人活动助力专业教育的协同互动问题,主要探索中华优秀传统文化育人活动与学生专业教育对接的路径;二是以中华优秀传统文化育人活动助力职业教育的

协同互动问题,主要探索中华优秀传统文化育人活动与学生职业教育对接的路径;三是以中华优秀传统文化育人活动助力通识教育的协同互动问题,主要探索中华优秀传统文化育人活动与通识教育对接的路径。

首先,从中华优秀传统文化育人活动助力专业教育的角度来看,将中华优秀传统文化融入专业教育中,二者结合互动开展育人活动,是中华优秀传统文化育人活动助力专业教育发展的有效路径。按照系统论的要求,二者应在以下这几个方面进行互动:一是在教育理念上构建互动育人的格局,积极探索中华优秀传统文化育人功能与专业教育的教育理念之间的互动关系;二是在教育主体上构建互动育人的格局,积极探索中华优秀传统文化育人活动的教师与专业教育的教师之间协同育人行动共同体的构建,这是实现互动的关键和难点问题;三是在教育内容上构建互动育人的格局,积极探索中华优秀传统文化育人内容与专业教育内容的对接路径,需要两方面的教师进行对接协调、开展教学研究;四是在教育载体、方式、评价与督导等方面构建互动育人的格局,从而形成完整的教育闭环。

其次,从中华优秀传统文化育人活动助力职业教育的角度来看,将中华优秀传统文化育人活动与职业教育结合开展,是推动二者互动的一个基本思路,应从教育理念、教育内容、教育主体、教育评价等方面提出具体对策。一是要积极探索中华优秀传统文化育人活动与职业教育在教育理念上建构互动格局的态势;二是要积极探索中华优秀传统文化育人活动与职业教育在教育主体上的互动关系,中华优秀传统文化育人活动的教师与职业教育的教师要形成合作关系和教育行动共同体,保持定期的沟通和联系;三是要积极探讨中华优秀传统文化育人活动与职业教育在教育内容上的对接,要对应不同专业的职业教育课程,将中华优秀传统文化育人内容融入其中,建构起互动协作的教育内容;四是要积极探讨中华优秀传统文化育人与职业教育在教育评价上的互动问题,要将中华优秀传统文化育人活动助力职业教育的情况纳入整个教育评价体系之中,以强大的评价督导力量推动中华优秀传统文化育人活动的开展。

最后,从中华优秀传统文化育人活动助力通识教育的角度来看,将中华优秀传统文化作为高校通识教育课程重要的内容之一,就是要将中华优秀传统文化育人活动与通识教育的教育活动构建紧密联系,从而形成育人合力。就目前的情况来看,一般院校的通识教育课程,主要有大学语文、大学英语、大学计算机、大学体育、大学艺术鉴赏、中国文化、大学数学、大学思想政治、大学历史等课程,这些通识教育课程从不同的角度对学生进行知识和能力的培训,具有不可替代的地位与作用。将中华优秀传统文化切实融入高校通识教育课程之中,有助于学生在思想上进一步认同社会主义核心价值观,提升学生自身的道德修养和人格水平。一是要积极探索中华传统文化育人活动与通识教育课程在培养目标上的协同推进,建构推动学生发展的共同的目标体系;二是要积极探索中华优秀传统文化育人活动与通识教育课程在培养内容上的对接,建构中华优秀传统文化融入通识教育的内容体系;三是要积极探索中华优秀传统文化育人活动的教师与通识教育课程的教师之间的长效交流合作机制,形成一个强大的育人行动共同体和教师专业成长的共同体;四是要积极探索中华优秀传统文化育人活动与通识教育课程构建教育评价体系的路径,从而形成互相促进的育人评价体系。

四、三大教育类型下高校开展中华优秀文化育人活动现状

目前,高校开展中华优秀传统文化育人活动,从课程管理的角度来看,一般没有单独设立课程,而是由一些特定的学院来开展的。例如,人文学院是以大学语文、中华传统文化经典导读等课程的形式开展;马克思主义学院是以大学思想政治教育课程的形式开展,特别是思想道德与法治等课程,课程部分章节涉及中华优秀传统文化的内容;艺术、体育类专业,在讲授其艺术或体育发展史等课程时,往往涉及一些中华优秀传统文化的相关内容。

1. 从中华优秀传统文化教育与专业教育的互动融合情况来看

高校在推动中华优秀传统文化育人活动时,要注重与学生的专业教育相衔接,这是提升中华优秀传统文化教育效果的重要方法。目前,仍存在一些不理想之处,主要体现在以下三个方面。

一是在教育内容的协同和整合上,中华优秀传统文化育人资源与专业教育内容对接不够精准,联系不够紧密。高校推动中华优秀传统文化育人活动,在育人内容体系的建构上,往往局限于文化领域中与中华优秀传统文化相关的育人内容,与专业教育的内容衔接得不够紧密,导致专业教育的相关内容不足,对学生的吸引力不够,难以提升中华优秀传统文化育人活动的质量和传播效率。

二是在教育主体的交流和协作上,高校从事中华优秀传统文化教育的教师与专业教育的教师之间的交流协作机制没有构建起来。从事中华优秀传统文化教育的教师与学生专业教育的教师之间交流和协作机制的缺乏,

导致中华优秀传统文化教育与专业教育在教学内容上的割裂,以及教学形式的单调呆板,使得中华优秀传统文化教育与专业教育走上各自为政的道路,不利于高校中华优秀传统文化育人活动的开展。

三是在教育评价和教育监督上,中华优秀传统文化教育与专业教育之间的教育评价和教育监督机制没有构建起来,导致中华优秀传统文化教育与专业教育的融合发展方向不明、动力不足。一方面应将中华优秀传统文化育人活动助力专业教育的情况纳入教育评价和监督体系之中,另一方面也应将专业教育助力中华优秀传统文化育人活动的情况纳入教育评价和监督体系之中,这样才能为中华优秀传统文化教育与专业教育的融合发展提供指导方向和前进动力。

以上这些问题,都是教育管理的问题。将中华优秀传统文化育人活动与专业教育融合发展,让中华优秀传统文化教育工作得到更好的发展,成为当下和今后高校完善中华优秀传统文化育人路径应当重视的问题。

2. 从中华优秀传统文化教育与职业教育的互动融合情况来看

高校在推动中华优秀传统文化育人活动时,要注重与学生的职业教育相衔接。目前,仍存在一些不理想之处,主要体现在以下三个方面。

一是在教育内容的协同和整合上,中华优秀传统文化育人资源与职业教育内容对接不够精准,联系不够紧密。高校在开展中华优秀传统文化育人活动时,在育人内容体系的建构上,既没有将中华优秀传统文化中有关职业道德、工匠精神等的内容融入职业教育的内容体系中,也没有将职业教育的内容融入中华优秀传统文化育人的内容体系,二者在内容体系上没有形成合力,无法互相促进。

二是在教育主体的交流和协作上,高校从事中华优秀传统文化教育的教师与职业教育的教师之间缺乏交流和协作的机制,导致中华优秀传统文化教育与职业教育各自为政,既不能在教学内容和教育问题方面交流、研讨,又无法联合开展实践教学,导致在教学形式上也缺乏创新性,不利于高校中华优秀传统文化育人活动与职业教育融合发展。

三是在教育评价和教育监督上,中华优秀传统文化教育与职业教育之间的教育评价和教育监督机制没有构建起来,导致中华优秀传统文化教育与职业教育的融合发展方向不明、动力不足。应将中华优秀传统文化育人活动与职业教育融合发展的情况纳入教育评价和监督体系之中,为其提供指导方向和前进动力。

3. 从中华优秀传统文化教育与通识教育的互动融合情况来看

高校在推动中华优秀传统文化育人活动时,要注重与学生的通识教育相衔接。目前,仍存在一些不理想之处,主要体现在以下三个方面。

一是在教育内容的协同和整合上,中华优秀传统文化育人资源与通识教育都没有深入挖掘彼此的相似之处,同时也没有将这些相似之处作为协同和整合的切入点,二者在内容体系上没有形成合力,无法互相促进。

二是在教育主体的交流和协作上,高校从事中华优秀传统文化教育的教师与通识教育的教师之间缺乏交流和协作的机制,导致中华优秀传统文化教育与通识教育各自为政,既不能在教学内容和教育问题方面交流、研讨,又无法联合开展实践教学,不利于高校中华优秀传统文化育人活动与通识教育融合发展。

三是在教育评价和教育监督上,中华优秀传统文化教育与通识教育之间的教育评价和教育监督机制没有构建起来,导致中华优秀传统文化教育与通识教育的融合发展方向不明、动力不足,建立统一的教育评价和教育监督机制可以为其提供指导方向和前进动力。

五、三大教育类型下高校中华优秀传统文化育人路径研究

高校推进中华优秀传统文化育人工作的开展,需要在专业教育、职业教育、通识教育三大教育类型协同的大教育格局中积极探索,寻求发展和完善之路,不断提升教育质量和水平。

首先,高校在加强中华优秀传统文化与专业教育互动,助力专业教育发展的过程中,应该从教育理念、教育内容、教育主体及教育评价等方面构建互动协同机制,探索中华优秀传统文化育人路径。

高校在构建中华优秀传统文化育人的理念体系时,要将专业教育的育人理念纳入参考。中华优秀传统文化育人,要借鉴专业教育的理念,不断丰富自身的教育理念,引导高校中华优秀传统文化育人活动的健康和可持续发展。高校在构建中华优秀传统文化育人的内容体系时,要注重中华优秀传统文化的教育内容与专业教育的内容相结合,在助力专业教育中寻求发展,提升文化育人的专业性和实用性。高校在开展中华优秀传统文化育人工作时,要注重教育主体之间的联动交流,使从事中华优秀传统文化育人工作的教师与专业教育的教师之间建立起长期的合作交流机制,开展交流、研

讨和教学实践活动等。高校在构建中华优秀传统文化育人的评价体系时，不仅要从教育理念、教育内容、教育方法、教育效果等方面进行评价，还要将中华优秀传统文化育人助力专业教育的情况纳入评价体系，为新时代高校中华优秀传统文化育人活动的开展提供方向指引和推动力。

其次，高校在加强中华优秀传统文化与职业教育互动，助力职业教育发展的过程中，应该从教育理念、教育内容、教育主体及教育评价等方面构建互动协同机制，探索中华优秀传统文化育人路径。

在教育理念上，中华优秀传统文化育人理念要借鉴职业教育的教育理念，建构精细化的教育理念，让中华优秀传统文化育人活动有针对性地满足学生的职业教育发展需要。在教育内容上，要在中华优秀传统文化中挖掘与职业教育相关的内容和资源，主要从职业精神、职业文化、模范人物、工匠精神、工匠文化等方面，深入挖掘和拓展中华优秀传统文化育人的内容，构建适应学生职业教育发展的育人内容体系。在教育主体上，从事中华优秀传统文化育人工作的教师要积极与职业教育的教师建立常态化的交流机制，这就要从教育管理上构建行动共同体。这个共同体既是教师育人的共同体，也是教师成长发展的共同体。在教育评价上，高校中华优秀传统文化育人活动积极助力、适应职业教育发展，其评价体系不仅包括中华优秀传统文化育人活动的整个过程，还包括中华优秀传统文化育人助力职业教育的情况，从而形成高校中华优秀传统文化育人活动助力学生职业教育的强大推动力。

最后，高校在加强中华优秀传统文化与通识教育互动，助力通识教育发展的过程中，应该从教育理念、教育内容、教育主体及教育评价等方面构建互动协同机制，探索中华优秀传统文化育人路径。

高校在构建中华优秀传统文化育人的理念体系时，要强化通识教育理念，让中华优秀传统文化育人活动助力通识教育的开展，让学生对中国文化、中国历史、中国哲学等有初步的学习和认识。中华优秀传统文化育人活动要在助力通识教育的过程中，借鉴通识教育课程内容的设计，以全新的思路重构新时代高校中华优秀传统文化育人的内容体系，让中华优秀传统文化育人内容更广泛、更多样、更接地气。高校要构建从事中华优秀传统文化育人工作的教师与通识教育教师，如大学语文、大学哲学、大学思想政治、大学体育等课程教师的交流与协作机制，增加学习、研讨和组织教学实践活动的机会，提升教师的业务能力。高校要将助力通识教育的要求纳入中华优秀传统文化育人的评价体系中，为新时代高校中华优秀传统文化育人活动的开展提供全新的评价督导体系。

综上所述,高校应积极探索中华优秀传统文化育人活动助力专业教育、职业教育、通识教育的路径,推进其在教育理念、教育内容、教育主体、教育评价方面的改革创新,不断提升中华优秀传统文化教育的品质。

第三节 "三全育人"理念下的高校中华优秀传统文化育人工作

"三全育人"作为一种全新的教育理念,为当下高校中华优秀传统文化育人工作提出了新思路、新要求,以及改革创新的新路径。

一、"三全育人"的内涵、作用与要求

"三全育人"即全员育人、全过程育人、全方位育人,是在中共中央、国务院颁布的《关于加强和改进新形势下高校思想政治工作的意见》中提出的"坚持全员全过程全方位育人"(简称"三全育人")的要求。

"三全育人"是一种教育理念,是指在整个教育过程中,教育者对受教育者进行的一种全方位的教育,具有重要的时代意义。

第一,建立"三全育人"德育机制是立德树人的根本要求。青年兴则国家兴,青年强则国家强,大学生担负着实现中华民族伟大复兴的责任与使命。因此,在"三全育人"的理念下,将德育目标细化、实化、日常化,贯穿于课程、文化、活动、管理的各个环节,全面落实立德树人根本任务,切实培育新时代好青年。

第二,建立"三全育人"机制是我国高等教育政策调整的必然要求。党的十八大以来,国家提出培养技能型人才和高素质劳动者的要求,"三全育人"机制顺应了新形势下高等教育人才培养模式改革的要求,有助于高校提高人才培养质量,为实现中华民族伟大复兴的中国梦和"两个一百年"奋斗目标提供坚实的人才保障和智力支持。

第三,建立"三全育人"机制是高校实现转型发展的客观要求。

当前,我国高校在实现规模扩张的同时,越来越关注质量提升和文化建设,需要调整教育思想,使教育教学更有温度、思想引领更有力度、立德树人更有效度。

1. 全员育人

从广义上,全员育人是指学校、社会、家庭、学生共同构建育人机制;从狭义上,全员育人是指将学校所有人员都纳入育人的过程中,形成全员参与、共同协作的育人机制。具体来说,全员育人包括五个方面的内容。

其一,辅导员。高校辅导员是高校开展育人工作的主要力量,负责学生的思想教育、学业指导、生活辅导等工作,帮助学生解决各种问题和困难。

其二,任课教师。任课教师是高校开展育人工作的重要力量,负责课堂教学、实验、实习等教学环节,传授知识和技能,培养学生的创新精神和实践能力。

其三,行政管理人员。行政管理人员是高校开展育人工作的重要支持,负责学生管理、服务、维护等各项工作,为学生提供良好的学习和生活环境。

其四,后勤保障人员。后勤保障人员是高校开展育人工作的重要基础,负责学生餐饮、住宿、医疗等各项服务工作,为学生提供良好的生活条件和健康保障。

其五,家长。家长是高校开展育人工作的重要参与力量,负责学生的家庭教育和社会实践,与学校、社会共同协作,促进学生的全面发展和成长。

全员育人的目的是为了形成全员参与、共同协作的育人机制,调动所有人员的积极性和创造力,共同为学生的成长和发展做出贡献。实施全员育人机制有以下作用:

其一,对教师来说,能够增强教师的教育担当和责任,保持教育初心,提升教师的教育情怀、教育素养、教育知识和教育能力;

其二,对学生来说,可以使学生感受到来自不同学科、不同专业教师的教学风格、学术魅力、学识素养,能够极大地拓展学生的知识面,提升学生的学术能力;

其三,对教育本身来说,将所有教师调动起来,能够形成强大、持久的教育合力,从而提升教育质量和水平。

实施全员育人机制,对学校、教师和学生都提出了要求:

其一,学校要为教师从事学生教育活动提供平台,并建立起对教师教育责任的目标管理体系和监督机制,开展定期和不定期的考核检查;

其二,教师要树立积极主动参与学校每一项教育活动的意识,以爱的心

态积极参与到学生成长的每一个环节;

其三,学生必须要学会与每一位教师交流、沟通,不能局限于与专业教师的交流。

2. 全过程育人

全过程育人是指将教育贯穿学生成长的整个过程,从入学到毕业,从学习到生活,从课堂到社会,全方位、全过程地培养学生的素质和能力。具体来说,全过程育人包括五个方面的内容。

其一,学业规划。高校要帮助学生制定学业规划,明确学习目标,制订学习计划,提高学生的学习效果和综合素质。

其二,生活指导。高校应为学生提供生活指导,解决生活中的问题和困难,培养学生良好的生活习惯和自主能力。

其三,实践活动。高校要组织学生参加各种实践活动,如社会实践、科技创新竞赛、志愿服务等,培养学生的实践能力和创新精神。

其四,就业指导。高校应为学生提供就业指导,帮助学生制定职业规划,提高就业竞争力和职业发展潜力。

其五,持续发展。高校要关注学生的持续发展,为学生提供继续教育、职业培训等机会,帮助学生实现自我价值和人生目标。

全过程育人的目的是为了培养学生的全面素质和综合能力,使其在未来的生活和工作中能够适应各种挑战和变化,为社会发展做出贡献。全过程育人是对高校教育展开纵向思考,贯穿学生从入学到毕业的整个过程,时间上包括课上、课下、假期等,空间上包括整个校园和校外实习单位等。在整个教学过程中,学校根据时间和空间的改变,按照学生成长的客观规律和发展要求,有步骤地开展教育工作。

实施全过程育人机制有以下好处:

其一,能够参与到学生成长的全过程,可以充分利用学生从入学到毕业的所有学段开展教育工作;

其二,能够对学生进行及时的跟踪指导和督促,使学生在各个时段都能保持良好的状态。

要实现全过程育人,一是教育者要有全过程育人的意识、能力和责任担当,二是受教育者要积极参与并配合全过程育人。

3. 全方位育人

全方位育人的目的是促进学生的全面发展和个性化成长,帮助学生树立正确的人生观和价值观,提高其综合素质和创新能力,为社会发展做出贡献。全方位育人是指将各种教育资源和手段贯穿人才培养全过程,通过充分利用、系统设计多种载体开展育人工作,将育人工作渗透在学生综合测评、奖学金评定、诚信教育、学风建设、创新创业教育、社会实践等方面,将显性育人与隐性育人相结合,有针对性地将教育渗透到学习、生活、社会实践等环节,培养学生的社会责任感、创新精神和实践能力,促进学生的全面发展。

全方位育人是从多个方面和角度出发,全面地培养学生,包括以下六个方面。

其一,道德教育,培养学生良好的思想品德和道德观念,尤其是责任感、诚实守信、正义感、同理心等。

其二,智慧教育,注重培养学生的综合素质和创新能力,鼓励学生学习多种学科知识,提高其分析问题、解决问题的能力。

其三,体能教育,注重学生的身体健康和体育锻炼,鼓励学生参加各种体育活动,提高其身体素质和运动能力。

其四,审美教育,是提升人学生认识美、理解美、欣赏美、创作美的能力的教育,鼓励学生欣赏绘画、音乐、文学等艺术作品,提高其审美能力和文化素养。

其五,社会实践,组织学生参加社会实践和志愿服务活动,培养学生的社会责任感和团队合作精神。

其六,校园文化,组织各种校园文化活动和社团活动,培养学生的兴趣爱好和创造力。

全方位育人的目的是培养学生的全面素质,使其成为具有社会责任感、创新精神和实践能力的人才。

实施全方位育人机制有以下作用:

其一,能够充分发挥各个教育空间、平台的育人作用;

其二,能够推动教育行业的发展;

其三,能够增加思想道德教育的内容,培养学生良好的思想道德素质。

全方位育人的基本要求:

其一,做好各个教育空间的建设工作;

其二,教育者应具备全方位育人的意识和能力;

其三,教育者要根据不同教育空间调整教育内容的呈现方式;

其四,各个教育空间要形成多元互动的教育格局。

二、"三全育人"理念下高校中华优秀传统文化育人工作实施路径

要坚持把立德树人作为教育的中心环节,把中华优秀传统文化的育人工作贯穿教育教学全过程,实现全员育人、全过程育人、全方位育人,努力开创我国高等教育事业发展新局面。"三全育人"要求高校在开展教学的过程中,全员秉持科学统一的育人理念,协同育人目标,整合育人资源,牢牢把握"三全育人"的核心要义,使新时代高校中华优秀传统文化育人工作更有意义。积极构建"三全育人"理念下的中华优秀传统文化育人格局,更好地落实立德树人的根本任务。

"三全育人"理念是对高校开展中华优秀传统文化育人工作现实问题的有力回应。目前,高校中华优秀传统文化育人工作仍有许多亟须解决的问题,不仅是思想问题,也存在实践问题。在分工精细化的情况下,除了从事中华优秀传统文化育人工作的教师外,高校中的专业教师对所承担的教育责任有些模糊,甚至认为教学重点仅在专业知识的讲授,而忽视了对学生道德品质的培养。因此,"三全育人"理念的提出能够更好地解决当前问题,培养高校育人意识,有利于高校中华优秀传统文化育人工作的开展。

"三全育人"理念是新时代下高校开展育人工作的深入思考。在高校开展中华优秀传统文化育人工作过程中,落实"三全育人"理念,抓住育人主体,做好过程管理,注重目标导向。

首先,树立全员育人意识,形成育人合力。作为培养国家新一代建设者的高等院校,加强中华优秀传统文化育人工作,并非只是部分教师的责任,每一位教职工都应该认识到其所承担的育人使命和职责,确保全员参与、全过程贯穿、全方位改革、综合提升,推进育人成果的实现,把握好中国特色社会主义教育的定位,做好高校思想政治教育的转型升级,培养出符合新时代要求的新青年。高校可以考虑对思政课教师、中华优秀传统文化教育教师、各学院辅导员及学校职工组织相关理论学习与典型案例示范等活动,使其育人意识得到提升,育人能力得到增加。此外,学生自身的主观意识、家长的育人职责意识也要加强,发挥学校、家庭、社会各自优势,凝聚起强大的育人合力,从而提高我国整体教育质量和水平。

其次,践行全方位育人策略,拓展育人资源。育人资源包括育人主体、育人渠道、育人载体等。确保育人资源间的互联互通,需要各门课程、各个

环节协同发力,是做好"三全育人"工作的基本保证。践行全方位育人策略,应加强教师与家长之间的沟通,发动校友、社会人士的潜在力量,深入挖掘课程、教学活动、社会实践活动中蕴含的育人资源,拓展育人资源。根据中华优秀传统文化育人课程特色,遵循教学规律,合理嵌入育人要素,发挥课堂教学的主渠道作用,进行主流价值引领。此外,针对大学生普遍关注互联网的特质,构建网络育人空间,做好互联网阵地建设,使大学生在潜移默化中完成"三全育人"的教育目标,成为德、智、体、美、劳全面发展的社会主义建设者和接班人。

最后,构建"三全育人"工作机制,落实育人成果。

第一,高校应成立领导工作小组,深入基层一线进行调研,全面梳理学校"三全育人"短板和不足,遵循教育规律、教学规律、人才成长规律,以及相关政策文件,使"三全育人"工作机制科学合理、有章可循。

第二,高校应设立科学有效的考核机制,如年度考核、评优、评先等方式,检验"三全育人"工作机制的实际效果,奖惩有度,以评促建。将立德树人作为检验的关键性指标,有效提升高校思政工作的质量。针对部分教师存在的师风、师德问题,可以适当采取"一票否决制",从而加强教师队伍建设。

第三,推进"三全育人"机制,构建高质量人才培养体系,让育人成果量化展示,不断提升高校的育人能力,从而建设出一支业务水平高、育人能力强的专业化人才队伍。

三、"三全育人"理念下高校中华优秀传统文化育人工作现状

当前,高校中华优秀传统文化育人工作在"三全育人"理念下持续发展,但贯彻落实得不够理想,这在很大程度上影响了文化育人的效果和质量,以及中华优秀传统文化育人工作的常态化、规范化、制度化和长效化发展。

1. 高校中华优秀传统文化育人工作落实全员育人理念的情况

高校教师开展中华优秀传统文化育人工作,往往涉及两个层面的问题:一是学校的教学管理,二是学校的教师队伍管理。在教学管理层面,中华优秀传统文化育人工作,作为一个系统性任务,要进入学校的教学发展规划和建设管理之中。在教师队伍管理层面,主要涉及教师的教学分工和文化育

人责任担当的落实督导。高校中华优秀传统文化育人工作要实现全员育人，必须要有教学管理和教师队伍管理这两个基本管理制度做支撑。

高校全员参与中华优秀传统文化育人工作的整体情况：专业教师，以完成自己的专业教学任务为主，积极主动开展中华优秀传统文化育人活动的数量不多；公共课教师，主要是思政类、文化类教师，能够经常对学生进行中华优秀传统文化教育，在教学内容设计与建设、教学方法的选择等方面引入中华优秀传统文化内容，但在内容上缺乏整体规划；辅导员，在对学生进行思政教育时，会不定时地采用中华优秀传统文化中的育人资源，助力学生思想政治教育工作，但在内容上缺乏深入挖掘；学科教师，对专业文化教育重点关注，对中华优秀传统文化教育关注甚少；行政及后勤工作人员，主要关注自己的本职工作，缺乏对学生的教育意识和教育责任感。因此，高校在开展中华优秀传统文化育人工作时，思政类教师、文化类教师、辅导员等教师群体比较有积极性。

全员育人理念在高校中华优秀传统文化育人工作中落实不足，主要有两个方面的原因：一是高校对教师的文化育人责任，尤其是中华优秀传统文化育人工作的自觉责任没有严格要求，导致教师在工作和教学中没有开展中华优秀传统文化育人活动的原动力和积极性；二是与教师的文化自觉性有关，缺乏对中华优秀传统文化自觉传承、传播的意识。

2.高校中华优秀传统文化育人工作落实全过程育人理念的情况

大学生在高校的学习时间，可以分为三个阶段：入学阶段，一般是大学生入学的第一年；学习阶段，入学一年后到毕业前一年，专科生是二年级，本科生是二年级和三年级；毕业阶段，入学的最后一年。从整体来看，大学生在高校学习的三个阶段，对中华优秀传统文化的学习情况不甚理想。

入学阶段，一般是对入学规范、专业文化、公共课程、通识课程等的学习，虽然包含中华优秀传统文化的相关内容，但是这种学习缺乏系统性和内容深度。整体来看，大学一年级应该是开展中华优秀传统文化育人活动的最佳时期。

其一，高校一般给一年级的学生开设很多公共课及选修课，大多都会涉及中华优秀传统文化育人的内容，特别是关于中华优秀传统文化的选修课。

其二，专业课程尚未全面铺开，学生在学习上应该还有余力。因此，一年级应该是学习中华优秀传统文化机会最多的阶段。

其三，高校有很多与中华优秀传统文化相关的社团，还会在年节期间举办对中华优秀传统文化的宣传教育活动。

学习阶段,是学生在专业学习方面逐渐加码的重点时段,学生开始把自己的精力慢慢转移到对专业知识的学习上。这一阶段,高校可以深入挖掘中华优秀传统文化中与专业文化相关的内容,借助专业课程开展中华优秀传统文化育人活动;可以用好数字资源平台,实现优质资源共建共享,让学生利用空余时间在平台上学习中华优秀传统文化;可以在体育和艺术类公共课中,适当开展中华优秀传统文化育人活动,不仅能够在理论教学中进行,还能够通过专门的主题活动开展。

毕业阶段,是高校对学生开展中华优秀传统文化育人活动的最后时段,应专门设计符合毕业阶段学生需求的教育内容与教育方法。这一阶段,学生一般忙于撰写毕业论文、实习、找工作、考研等,考虑更多的是个人的就业和前途。针对这一情况,高校可以选取中华优秀传统文化中有关爱国、敬业和职业观等的内容,开发设计能够满足毕业生需求的课程,引导学生走上正确的职业之路。然而,无论是高校还是学生,这一阶段都无暇学习中华优秀传统文化。

综上所述,高校对大学生各个阶段课程的统筹安排是影响中华优秀传统文化育人工作落实全过程育人理念的关键。为贯彻落实全过程育人理念,高校要针对学生在校学习的不同阶段,对中华优秀传统文化育人工作进行总体设计和详细规划,教育学生正确认识世界、全面了解国情、把握时代大势,把个人理想与国家发展、民族命运结合起来,争做合格的社会主义建设者。

3. 高校中华优秀传统文化育人工作落实全方位育人理念的情况

高校提升中华优秀传统文化育人工作实效、落实全方位育人理念、实现学生全面发展,需要各类课程、各个环节在遵循教学规律的基础上协同发力,从而加强课程的思想性、理论性和针对性。

从专业教育课程的情况来看,专业课程的教学主要是对专业知识的学习,部分专业课程可能与中华优秀传统文化关联较大,如政治、文学、医学、历史、哲学等,在不同程度上进行了中华优秀传统文化育人活动,但会随着课堂教学内容与中华优秀传统文化相关性的变化而变化,中华优秀传统文化育人活动的常态化、规范化教学严重不足,随意性较大,难以保证中华优秀传统文化育人作用在专业课程中的发挥;与中华优秀传统文化关联较小的专业课程,如工科、理科等,开展中华优秀传统文化育人活动的机会较少。从通识教育课程的情况来看,文化类课程一般或多或少地与中华优秀传统文化相关,但是中华优秀传统文化育人活动并不规范,随机性较强;专门的中国文化通识课程会大力开展中华优秀传统文化育人活动,但对中华优秀传统文化中的育人资源挖掘得不够深入。

除了课堂这个主阵地外,学生的第二课堂也能够开展中华优秀传统文化育人活动,如校园晚会、社团活动等,但此类活动一般都有特定的主题,涉及中华优秀传统文化育人内容的明显较少,不利于中华优秀传统文化在高校中的传播。图书馆是文化建设和宣传的重要场所,一般都主动将弘扬中华优秀传统文化作为自己的责任,积极投入到文化育人工作中,充分开发和利用图书馆的文化资源,营造中华优秀传统文化的学习氛围,使中华优秀传统文化育人活动常态化。此外,高校的建筑、食堂、寝室等也担负一定的文化职能,对中华优秀传统文化有宣传作用,但效果并不明显。

在信息化时代,要开展中华优秀传统文化育人活动,专门的数字资源平台必不可少。高校可在学校官方网站上以专题的形式宣传中华优秀传统文化,传播中华优秀传统文化知识,并积极建设专门的中华优秀传统文化育人数字平台,推动中华优秀传统文化网络化、数字化发展。目前,高校建设中华优秀传统文化育人数字平台的情况不理想,一是高校领导层对文化育人顶层设计的缺位,责任落实不够;二是现有平台流于形式,对中华优秀传统文化的内涵挖掘不足,缺乏专业化和体系化;三是受教育者的文化自觉意识不足,尤其是对中华优秀传统文化的自主学习意识。

四、高校中华优秀传统文化育人工作落实"三全育人"理念的改进措施

目前,高校中华优秀传统文化育人工作落实"三全育人"理念已经取得了一些进展和成果,但仍存在一些不足之处,影响其高质量发展。因此,新时代的高校中华优秀传统文化育人工作,应好好把握"三全育人"的思想精髓,在全员、全过程、全方位上下功夫,切实改进方式方法,推动高校教育的转型升级,不断提升高校中华优秀传统文化育人工作的质量和水平。

高校在开展中华优秀传统文化育人工作中,应将"三全育人"理念分开来解读、探索,因为三者的侧重点不同:全员育人,注重全体教师参与教育管理,形成强大的、持久的集体教育行动;全过程育人,注重教育工作的过程管理,要求教育与学生在学校学习的不同阶段同步;全方位育人,提供育人的基本载体、平台或阵地,要求教育与学生所处的不同空间场所同步。"三全育人"各要素联系紧密、不可分割:全员育人是"三全育人"的根本和核心,全

过程育人和全方位育人是全员育人的深化与体现,也是全员育人具体落实的途径和渠道。

1. 高校中华优秀传统文化育人工作落实全员育人理念的改进措施

全员育人,主要是从教育主体的角度研究教育的发展问题,旨在发挥所有教师的教育功能,让所有教师在教育学生中发展,让所有学生在教师的教育下成长。

调动所有教师参与到中华优秀传统文化育人工作中来,高校要做好相应的教育分工,使不同学科的教师能够协同互动。这就需要学校、学院与教师协商一致,针对大学生在校学习的每一个阶段,做好中华优秀传统文化育人活动相应的辅导计划和指导工作。

构建所有教师参与到中华优秀传统文化育人工作的教育评价机制,形成教师实施教育工作的强大外在动力。这就需要高校做好教师管理和教育管理的顶层设计,围绕人才培养目标,以教师卓越成长和学生全面发展为出发点和落脚点,健全能够促进学生德、智、体、美、劳全面发展的多元教育评价机制,建立考察教育质量的管理体系,引导广大教师将精力真正聚焦到教书育人上来。

建立高校中华优秀传统文化育人的行动共同体,搭建不同学科教师学习交流的机制。为了更好地落实全员育人理念,提高教师在中华优秀传统文化育人活动中的参与度,把组织动员全体教师肩负育人责任作为全员育人的切入点,高校应牵头成立中华优秀传统文化育人的行动共同体,使其作为教师交流、学习、研讨、协作的平台,切实推动高校中华优秀传统文化育人活动的有效开展。

今天,高等教育已经进入新时代。高校推动中华优秀传统文化育人工作是助力教育强国的重大举措。如何提升中华优秀传统文化育人实效,是高校开展中华优秀传统文化育人工作的关键问题。"三全育人"理念解决了教育主体、过程、载体等问题,能够提升高校中华优秀传统文化育人工作的质量和水平。因此,高校应抓牢"三全育人"教育理论的核心和精髓,深入挖掘教育方法和资源,用以解决中华优秀传统文化育人工作中存在的不足,从而创新教育模式、教育思路、教育内容、教育方式,不断提高文化育人的质量。

2. 高校中华优秀传统文化育人工作落实全过程育人理念的改进措施

全过程育人,主要是从教育的时间维度阐述教育的发展问题,解决教育覆盖面的问题。针对高校开展中华优秀传统文化育人工作落实全过程育人理念存在的不足,高校可以从以下几个方面着手改进。

高校在落实全过程育人理念的过程中,要构建统一的教育发展行动计划,设立统一的指挥协调机构,做好全过程育人的科学部署和安排。时间管理是全过程育人的关键,高校要根据学生培养计划、学校发展规划等,针对大学期间每一个阶段不同的需求,制订统一的、科学的中华优秀传统文化育人工作计划。

二级学院应增强文化自觉,为整个学院的学生在大学期间中华优秀传统文化学习做好统筹安排和分工工作,不同阶段安排相应的教师负责。教师要树立全过程育人的意识,积极参与和配合学校和学院制订的全过程育人计划,运用过程管理的相关理论与方法,在自己的任教学科贯彻落实全过程育人理念,做好学科和课程的全过程育人规划,参与学生毕业指导工作,做好全过程育人的持续推进。学校要根据学生不同阶段面临的不同问题,以及对应的专业课程安排等,制订配套的中华优秀传统文化教育计划,使高校中华优秀传统文化育人工作有的放矢,更有理论性、科学性、针对性和计划性。

学生除了积极参与和配合学校、学院制订的教学计划外,还应对自己的成长和发展制定全过程规划,立足长远,着眼现在,规划好自己每一个阶段的学习、生活和实践活动,并将中华优秀传统文化教育纳入自己的学习计划之中,充分挖掘其中蕴含的精神养分,助力自身健康成长、全面成才。

3.高校中华优秀传统文化育人工作落实全方位育人理念的改进措施

全方位育人,主要是从教育的空间维度探讨教育的发展问题。目前,在高校中华优秀传统文化育人工作中贯彻落实"三全育人"理念,满足其高质量发展需求,高校可以从以下几个方面着手改进。

一是积极开发和利用好数字平台的育人功能,打造专门的中华优秀传统文化育人的网络空间。互联网作为信息社会的重要交流平台,对推进高校中华优秀传统文化育人工作有重要的意义。今天,发达的互联网信息技术,使每个人都能成为发言人和自媒体,人人都可以成为中华优秀传统文化的发布者和推广者。高校要积极推动中华优秀传统文化育人工作的信息化发展、智能化发展,建立统一的中华优秀传统文化教育数字平台。同时,高校的官方网站等其他的网络平台也要担负文化育人的责任,积极开展中华优秀传统文化育人活动,使学生主动在中华优秀传统文化的氛围中学习、进步和成长。

二是积极开发和利用所有的实体空间,包括校园、教室、图书馆、寝室、食堂等。实体空间也是文化空间,高校应针对各类实体空间的特点、功能,挖掘中华优秀传统文化体系中与之相关的文化资源和内容,设计并开展有针对性的文化育人活动。例如,校园作为学生学习生活的主要空间,宣传中华优秀传统文化的可塑性强,利用人物雕塑、宣传展板等营造文化氛围;教室是文化教育的主渠道,积极挖掘中华优秀传统文化资源,开展丰富多彩的教室文化活动;图书馆是文化育人的主阵地,肩负文化育人的使命和职责,充分利用图书馆的环境特点和文化资源,大力开展中华优秀传统文化的阅读推广活动等;寝室可以开展有关中华优秀传统文化的主题活动和寝室文化节;食堂可以宣传中华优秀传统文化中的美食文化和礼仪文化。因此,高校可以充分利用现有实体空间,积极开展形式多样的中华优秀传统文化育人活动,将全方位育人理念落到实处。

三是建构实体空间和网络空间的协作互动机制,避免单打独斗、孤军奋战的局面发生。高校在推进中华优秀传统文化育人工作时,应做好线上空间和线下空间的联动,建立二者的协作机制,组成强大的育人平台,从而形成教育合力,真正践行全方位育人理念。

第四节　新发展理念下的高校中华优秀传统文化育人工作

新发展理念,作为新时代中国各个行业发展的新思想,包含丰富的治理思想,不仅可以为经济领域的发展提供指导,还可以为高校各个学科教育、各个领域的教育提供新思路、新启示。从教育学的角度解读新发展理念,对中华优秀传统文化育人功能的发挥同样有重要的指导和借鉴意义。

一、新发展理念的内涵

新发展理念,即创新、协调、绿色、开放、共享的发展理念,是习近平总书记于2015年10月在党的十八届五中全会上提出的。

创新发展主要解决的是发展动力问题。我国创新能力不强,科技发展水平总体不高,科技对经济社会发展的支撑能力不足,科技对经济增长的贡献率远低于发达国家水平。协调发展主要解决的是发展不平衡问题。我国发展不平衡是一个长期存在的问题,突出表现在区域、城乡、经济和社会、物质文明和精神文明、经济建设和国防建设等关系上。绿色发展主要解决的是人与自然和谐共处的问题。我国资源约束趋紧、环境污染严重、生态系统退化的问题十分严峻,人民群众对生存环境的要求越来越强烈。开放发展主要解决的是发展内外联动问题。我国对外开放水平总体上还不够高,用好国际国内两个市场、两种资源的能力还不够强,应对国际经贸摩擦、争取国际经济话语权的能力还比较弱,运用国际经贸规则的本领也不够强,需要加快弥补。共享发展主要解决的是社会公平正义问题。我国经济发展的基本面不断做大,但分配不公问题比较突出,收入差距、城乡区域公共服务水平差距较大。在共享改革发展成果上,无论是实际情况还是制度设计,都还有不完善的地方。

新发展理念,深刻揭示了实现更高质量、更有效率、更加公平、更可持续发展的必由之路,是关系我国发展全局的一场深刻变革。创新、协调、绿色、开放、共享的新发展理念,是管全局、管根本、管长远的导向,具有战略性、纲领性、引领性。新发展理念,指明了"十三五"至更长时期我国的发展思路、发展方向和发展着力点,要深入理解、准确把握其科学内涵和实践要求。

只有深刻理解新发展理念的内涵和精髓,才能将其运用在高校中华优秀传统文化育人工作中,充分发挥新发展理念指挥棒、红绿灯的作用,为高校开展中华优秀传统文化育人工作指明方向。

二、新发展理念的教育学解读

1. 创新教育

《现代汉语词典》中"创"的释义是开始做、初次做,"创造"的释义是想出新办法、建立新理论、做出新产品。"创新"既有革新、创新之意,也指新观念、新方法、新发明,其立足点在于"新"。创新是在工作、生活、学术、科技等领域中,通过新的思想、方法、技术、产品等,带来积极改变、进步或革新的行为或过程。创新是推动社会进步和发展的重要力量,能够提高生产效率、降低生产成本、改善用户体验、创造新的市场机会和经济增长点,为个人和社会带来实际效益。

在创新中,最重要的是思维方式的转变和创新意识的培养。要善于跳出传统的思维框架,从不同的角度思考问题,勇于尝试新的解决方案。同时,要保持对新技术、新方法的敏锐观察和持续学习,不断拓展自己的知识面和技能水平。

创新发展作为新发展理念中的第一个,从教育学的角度来解读,可以引申为创新教育。创新教育就是赋予整个教育过程以人类创新活动的特征,并以此为教育基础,达到培养创新人才和实现人的全面发展的教育目的,包括创新精神和创新能力两个层面。其中,创新精神主要由创新意识、创新品质构成;创新能力则包括人的创新感知能力、创新思维能力和创新想象能力。创新教育意味着对教育的理念、内容、方法、平台、保障和监督评估等进行创新,可以是理论层面的创新,也可以是手段方法的创新,能够解决教育领域的动力问题。

创新教育的核心是培养创新精神、创新能力和创新人格。创新精神包括好奇心、探究兴趣、求知欲、对新奇事物的敏感度、对真知的执着追求等,这是一个人创新的灵魂和动力。创新能力包括创造思维能力、创造想象能力,以及创造性地计划、组织与实施某种活动的能力,是创新的本质力量。创新人格包括创新责任感,使命感,事业心,执着的爱,能接受挫折、失败的良好心态,以及坚忍顽强的性格,是坚持创新、做出成果的根本保障。

创新教育的核心理念主要表现在以下两个方面。

其一,创新教育思想,坚信每个学生都是可以造就的。我国著名教育家陶行知曾指出,创造是人的天性,而我们的教育在某些情况下非但没有使这种自然本性得到发展,反而压制了人创造的冲动。创新教育的提出,要求我们以欣赏的眼光来看待学生,使每个学生的潜能都能得到充分发挥。教育者应坚信每个学生都是可以造就的,尤其是不可低估"后进生"的创造潜能。可以肯定地讲,每一个学生都是一块有待开发或进一步开垦的土地,教育者应将其视为教育的资源和财富,加以挖掘和利用,通过创新教育,把学生潜在的能力变成现实。

其二,创新教育模式,解放学生的天性。在当今社会,人的主体性空前高涨,任何对人的主体性和自由意志的扼杀几乎都被视为不应该,因为人生而具有追求自由的天性。"人崇尚民主,向往自由,自由的本质或实质是自我选择、自我决定、自我追求、自我实现。"创新教育有利于克服传统教育中以教师为中心、扼杀学生主动性的教育方式,解放学生的天性,激发学习动力。

创新教育包括以下三个层次。

其一,创新教育是一种教育理念。中共中央、国务院颁布的《关于深化教育改革全面推进素质教育的决定》中明确指出，素质教育"以培养学生的创新精神和实践能力为重点""激发学生独立思考和创新的意识""培养学生的科学精神和创新思维习惯"。习近平总书记曾说："广大青年一定要勇于创新创造。创新是民族进步的灵魂，是一个国家兴旺发达的不竭源泉，也是中华民族最深沉的民族禀赋。"创新教育不仅在于培养学生的创造能力，还要有意识地培养学生的创新精神、创新观念、创新意识和创新态度。因此，创新教育是一种以培养人的创造能力为核心，以培养人的创新精神和创新能力为基本价值取向，着重培养学生创新意识、创新观念和创新态度的教育。

其二，创新教育是一个教育原则。教育原则是教育教学过程中必须遵循的基本要求和准则，贯穿教育教学工作的各个方面。"教有法，但无定法"，这里所说的"法"，是指教育中的规律和原则，教育教学活动必须坚持和遵循教育规律和原则。在创新教育的原则指导下，高校的教育教学工作必须以培养学生的创造能力为核心，通过积极的管理和有效的教学，更新学生的创新观念和创新态度，培养学生的创新精神和创新能力，简而言之就是"为创新而教"，激励学生的创新精神，塑造学生的创造才能，通过教育的作用唤醒学生沉睡的心灵。

其三，创新教育是一项教育活动。创新教育不仅体现在课堂教学活动中，还包括高校培养学生创新能力的专门活动，以及教育机构为培养学生的创新意识和创新素养而开展的一系列活动。培养学生的创新能力是一项系统工程，需要社会各系统密切配合，既可以通过学校内的课堂教学、科技活动及专门的校本课程来进行，还可以聘请有专门才能的学生家长、科研专家来开阔学生的知识面，从而培养学生的创新意识。此外，高校还可以与当地的科研机构合作，创设第二课堂，培养学生的科技素养和创新精神。由此可见，开展创新教育活动应该以学校为中心，在全社会建立系统协调的运行机制，是实施创新教育的保证。

创新教育的方法主要是启发式教育和探究式教育，通过引导学生独立思考、发现问题、解决问题，培养学生的创新精神和创新能力。同时，还要注重学生个性和兴趣的发展，因势利导，挖掘学生的特殊才能和兴趣，为创造性人才的培养提供良好的教育条件。

总之，创新教育是培养创新精神、创新能力和创新人格的重要途径，它不仅要求学生掌握知识，更注重培养学生的实践能力和创新精神，为个人的发展和社会的进步提供有力的支持。

2. 协调教育

经济领域中的协调,主要是指不同区域之间的协调发展,如城乡之间的协调发展、东中西部之间的协调发展、各个产业之间的协调发展。将协调发展理念引入教育领域,采用教育学的角度来解读,可以引申为协调教育。就一次具体的教育活动而言,协调发展教育理念的内涵,主要包括教育者与受教育者之间的协调、教育者之间的协调、教育内容内部的协调、教育内容与其他内容之间协调、教育平台之间的协调等。

协调教育理念是指通过协调各方面的教育资源,实现教育均衡发展的思想观念。在协调教育理念下,注重教育资源的优化配置,加强教育公平,提高教育质量,推动教育事业的全面发展。协调教育理念的实践包括多个方面:教育资源均衡配置,加强教育资源的公平配置,提高边远地区、农村地区、贫困地区的教育资源和水平,实现教育公平;教育机会均等,扩大优质教育资源,增加教育机会,减少不同地区、不同群体之间的教育差距,实现人人享有平等教育的权利;教育质量提升,加强教育教学改革,提高教育质量,注重学生的全面发展,培养创新型人才,提高国家核心竞争力;教育科技融合,推动教育科技的发展,促进教育信息化、数字化、智能化,提高教育效率和教育质量;教育国际化,加强国际交流与合作,引进国际优质教育资源,提高我国教育的国际竞争力。

协调教育理念能够促进教育者和受教育者在教育理念上发生变化,走向协调发展的道路。在实际操作中,协调教育理念能够提升教育内容的质量,拓展教育发展的空间,推动教育平台的功能发挥。

作为一种新的教育理念,协调教育对教育的要求:一是教育理念转换的要求,必须要树立协调发展的教育理念;二是教育主体之间要做好协调,教育主体与客体之间也要做好协调;三是教育平台之间要形成协同合作的格局;四是教育的各个保障条件也要协同发力。

总之,协调教育是一种以教育均衡发展为核心的思想观念,旨在协调各方面的教育资源,实现教育公平、教育质量和教育发展的全面提升。通过实践协调教育理念,我们可以推动教育事业的发展,促进国家经济发展和社会进步。

3. 绿色教育

绿色发展理念是指一种注重环境保护、资源节约、可持续发展的思想和观念,强调人类与自然和谐共存,以可持续发展的理念选择生产、消费、生活的方式,实现资源的高效利用和环境的最小损害。绿色发展理念已经在多个方面实践应用:生态保护,保护自然生态,防止环境污染和破坏,保护生物多样性,维护生态平衡等;资源节约,节约用水、用电、用能、用纸等,提高资源利用效率,减少浪费和损失;可持续发展,以可持续的方式发展,考虑长远利益,平衡当前需求和未来发展,实现经济、社会和环境的协调发展;绿色交通,发展低碳、环保、绿色的交通方式,如步行、自行车、公共交通等,减少对环境的污染和能源的消耗;循环经济,实现资源的循环利用和再利用,减少废弃物的产生和排放,提高经济效率和环境效益。

绿色发展理念是一种以可持续发展为核心的思想观念,旨在保护环境、节约资源、维护生态平衡,实现人类与自然的和谐共存。通过实践绿色发展理念,可以推动社会的可持续发展,促进人类的健康和福祉。

绿色理念的内涵是人与自然和谐共生。将绿色理念引入教育,构建绿色教育理念,除了师生与自然和谐共生外,还包括教师与教师、教师与学生、学生与学生之间的和谐共处。绿色发展理念是指教育环境的绿色构建、教育方法的绿色选择与采用、绿色平台和空间的打造、教育内容的绿色化处理等。绿色发展理念中的一个核心思想就是可持续发展,在教育发展中也应该要坚持可持续发展的理念。

绿色教育是一种以人为本、以能力为中心、以综合育人为己任,引导学生形成正确的价值观、人生观、世界观,主动健康发展。绿色教育的出发点是师生要建立民主、平等、和谐的特殊伙伴关系;绿色教育的基础是保证教育的方向性、健康性、民族性,关键是突出时代特色,适应社会转型,培养适应社会的人;绿色教育的重点是传承文明、教书育人、养成习惯、务实创新;把书本世界和社会实际、生活实际结合起来;绿色教育的主渠道是有效的课堂教学,课堂教学是一切教育的基础;绿色教育的保证是双基并举、以能力为中心、全面育人;绿色教育的突破口是把学习的自主权、发展权还给学生,使其学会合作,学会探究,学会创造。

实施绿色教育是由注重教到注重学的过程,要特别关注对学生人文素养精神境界的培养。教、学、育融合发展,既是目标又是过程。绿色教育的目标就是让学生自主学习、自我构建、自我约束、自我评价,从而愉快地学习。其中,教师肩负着导师的职责。绿色教育是时代赋予人们的重任,要不断反思、善于调整、勇于实践。

在教学的具体过程中,绿色教育理念强调要从绿色环境、绿色语言、绿色媒介、绿色设计四个方面着手实施。

其一,绿色环境。环境育人非常重要,教师要在教学过程中积极营造绿色环境,即要保护教育的有效"情感场"。教师要不断提高,不断发展,不断创新,以获得学生的认可,同时也要学会赞赏学生。赏识导致成功,抱怨导致失败。师生相互赏识,有助于营销绿色的教育环境,实施民主化教学、情感化教学。

其二,绿色语言。教师应运用绿色语言激励起学生心目中对成功的渴望,使学生感到我能行,最终从失败走向成功,从成功走向自信,从自信走向辉煌,从辉煌走向伟大。要杜绝教育中的"语罚"现象。绿色语言是现代教育的强大助力,是成就人才的有效工具。

其三,绿色媒介。互联网、多媒体、电视、报刊是绿色教育的有效媒介,要提高其在中华优秀传统文化育人过程中的利用率。传统意义上的一支粉笔、一本书、一块黑板的教育方式已经不能适应新时代教育发展的需要。正确地运用现代教育设备,优化教学形式,活跃课堂气氛,生动教学内容,不仅有利于教育质量和效果的提升,也有利于教育的现代化发展。

其四,绿色设计。要改变传统的教育理念,不能再以分数作为唯一的标准,要考虑教、学、育的有机统一、和谐发展,培养德才兼备的人才。教育理念、教学行为决定着人才培养的品质,决定着社会的未来。学校和教师都应该把眼光放长远一点,从自身做起,实施绿色教育。

绿色教育是让每一个学生在突出个性的基础上激起发展的欲望,实现全面发展、最佳发展、可持续发展。绿色教育通过教育主导利用非智力因素对教育主体进行情商的培养,在完成教学任务的过程中实施育人,在育人的过程中养成良好的行为习惯,从而达到德育为首、教学为主、育人为本的目标。绿色教育要以课堂教学为平台,改变思路,积极创新,形成教师、教学、学生的良性互动,教学相长,使教育得到高质量发展。教师的业务水平、教育技巧、自身素质是做好这项工作的关键。育人的过程既要成就学生,也要成就教师。

4. 开放教育

开放,是与封闭相对的一个概念。开放理念是一种注重开放、包容、合作的思想观念,它强调开放思维、开放心态、开放制度、开放环境等方面,推动各方面的交流与合作,实现共同发展与共赢。

开放理念在各个领域都有广泛应用。在经济领域,开放理念强调自由贸易、市场竞争、创新发展等方面的原则,推动全球经济的繁荣与发展;在文化领域,开放理念强调多元文化、文化交流、文化创新等方面的价值,促进文化多样性和文化交流融合。

引入教育领域,开放教育是一种推进内外交流的教育模式,包含交流互动、相互学习、共赢发展的教育理念。

从广义上讲,开放教育是人人享有终身接受教育的权利,不仅意味着对教育对象的开放,更重要的是教育观念、教育资源和教育过程的开放;从狭义上讲,开放教育是开放大学实行的现代远程教育。

开放式教育是相对于封闭式教育来讲的,是一种鼓励学习者参与学习活动,以学习者为中心的学习方式。开放性体现在开放的空间、开放的环境、开放的课程、开放的态度、开放的资源运用。开放教育能使学习者在融洽的人际关系中,以自由意志、合情、合理与合法地把事情有效地处理。坚持开放理念与态度,能够培养一个凡事有主张、做事有决心与毅力的人。这类人可不借助外在的刺激力量,自发地去完成自己分内的工作,而且从多方面完成自我成长。

全方位的开放教育其基本理念主要有以下三点。其一,以受教育者为中心,受教育者是开放教学中的主体,让受教育者在开放自由的环境中自由学习、自由发展和自我实现。因此,课程设计应基于受教育者的兴趣和天赋展开,培养受教育者成为真正身心平衡的人。其二,鼓励受教育者主动学习,在全方位开放学习的氛围中,引导受教育者从传统的被动学习转变为主动学习。教师者与受教育者相互尊重、和谐共处是开放教育成败的关键。因此,尊重受教育者的想法,并鼓励受教育者主动学习是开放教育中很重要的一环。其三,自由而不放任,在开放的学习环境中,受教育者被鼓励自由活动、自由探索和自由思考,但这些自由不是无止境的放任,而是在一定的原则和范围内有限制的自由。在开放学习的空间里,教育者按照受教育者的发展、兴趣、经验、认知及主题,布置不同的学习环境,让受教育者主动去实验、操作及发现。因此,全方位的开放教育理念不拘泥于任何教学形式,教育者也可在受教育者学习的过程中了解并比较受教育者的差异,进而有针对性地运用不同的教学方法。

开放教育理念的实施主要有三个方面的作用:

其一,对教育理念本身是一大发展,从封闭的教育理念转型为开放的教育理念;

其二,对教育格局的发展与推动,通过开放教育的理念,形成内外发展互动的教育格局,能够更充分地把外在条件、外在资源利用起来;

其三,对教育者和受教育者的成长、发展起推动作用,使教育者从教育视野到教育能力等方面得到较大提升,使受教育者从学习能力到建立自信等方面有所进步。

开放教育理念对教育者有很多的要求。教育者不仅要秉持开放的教育理念和心态,还要使用开放的教育方法和平台,并积极设计和开发优秀的开放教育内容,建构开放教育的评价体系。可以这样说,开放教育能够使教育方式发生创造性的变化。

总之,开放教育理念是一种以开放、包容、合作为核心的教育思想观念,旨在推动各方面的交流与合作,实现共同发展。

5.共享教育

共享教育理念是一种以教育均衡发展为核心的思想观念,指将优质教育资源通过共享的形式实现教育均衡发展,进而弥合数字鸿沟、缓解教育焦虑、促进教育绿色可持续发展的教育实践。

将经济领域的共享理念引入教育领域,增加了教育资源的共享,共享主体发生了变化。其内涵包括教师与教师之间各种教育资源、教育信息等方面的共享,也包括教师与学生之间的知识、资源等方面的共享。坚持共享的教育理念,是从更高的角度使更多的人享受到教育发展的成果,从更广阔的视野实现教育公平,能够提高教育质量、教育水平,以及教育者和受教育者的思想境界与水平。

共享教育理念的要求:

其一,需要教育者和受教育者树立共享发展的教育理念;

其二,要提高教育质量,提升共享的教育成果;

其三,教育方法、教育平台及其他教育资源需要纳入共享发展的教育理念中去推动。

共享教育的主要特征体现为优质性、共享性、便捷性、多样性和互惠性,具体而言,有以下理解。

其一,资源"三化",即资源的系统化、常态化、数据化。共享教育专注打造、筛选优质的教育资源。在共享教育的理念下,各个主体间呈现出合作与共同进步的关系。总体而言,优质教育资源呈现出以下三个特征。一是系统化,是指通过专业和系统的梳理和构建,实现教育资源内部的有序性、层级性、结构性和逻辑性。二是常态化,它是共享教育成功的关键。只有把共享教育落到实处,成为日常,才能有效解决教育中遇到的问题。三是数据化,将有限的优质教育资源数据化,也就实现了教育的物质资源向数据资源的转化。数据化的优质资源具有可复制、可传播、可分享、无限制的特点,这为共享教育覆盖全体人群提供了技术保障。

其二,学习"三随",即随时、随地、随堂共享教育,实现了学习方式与资源的便捷与多样,以各种微课、慕课、翻转课堂、在线公开课等形式,充分利用功能各异的移动设备,打破传统的时空局限,使教师、课堂、书本不再是获取知识信息的唯一渠道。具体来说,共享教育的学习方式呈现出处处可学、时时能学的特征,主要表现为以下几点。一是随时。将优质的教育资源上载到教育的云端,学习者只需手持终端设备,便可以24小时登录或下载资源进行学习。培训内容不离身,随时随地利用碎片时间接受学习内容。二是随地。信息技术的迅猛发展,让资源在任何地方都能够被共享。无处不在的资源供给,让学习者拥有更多不同的学习空间。三是随堂。优质的教育资源对教学有重要作用,教师可以按需随堂提取资源,将资源进行增删换补的重构改造,让学生在课堂中学习到优质的教育内容,让教师在随堂教学中与优质教育资源共生发展。

其三,效果"三共",即资源共生、师生共进、校际共长。共享教育不断增强受教育者学习的自主性。共享教育旨在改变以教师和学校为主导的传统教育模式,以受众的需求为导向选择学习内容、学习方法,促进个性化教育,满足用户自主选择的需求。这不仅能有效避免教育资源的闲置和浪费,为师生提供更适宜的服务,还能促进校际良性竞争,推进教学变革,提高人才培养质量。在实践中,共享教育通过平台,利用数据,构建起立体的供给与需求关系。在共同的生态体系中,每个人既是资源的提供者,也是资源的消费者,优质资源成为师生共享的重要财富,师生因为数据流动,享用无差别的信息,师生人际关系将更趋于平等和民主,数据平权促进师生教学相长;区域内的学校之间可在同一平台下实现数据共享,能一览无余地明确每所学校的发展状态,在伴随式数据的驱动下,校际发展呈现出共赢之势。

以资源为保障、以平台为支撑、以互动为核心是实施共享教育的三大要素。资源是第一要素,是共享教育生态生成的前提条件;平台是关键要素,决定了共享教育的现实基础;互动是第三要素,依托资源与平台的线上、线下混合互动式交流,是共享教育的具体措施。资源、平台、互动三者共同描绘了共享教育线上、线下多维学习生态的实践走向,反映出共享教育在促进优质教育均衡、助推教育公平方面的独特贡献。

三、新发展理念下高校中华优秀传统文化育人现状

对照新发展理念在教育领域的要求,研究其中已经取得的成就和主要

经验,看到其中存在的不足并剖析原因,为新时代高校优秀传统文化育人工作的改进提出新的建议和对策。

1. 创新教育理念下高校中华优秀传统文化育人工作情况

教育理念的创新是其他创新的先导。高校开展中华优秀传统文化育人工作,首先要做好教育理念的创新。在目前的高校教育中,虽然以学生为中心的教育理念已经提出很多年,但是以教学内容为中心的教学理念依然存在。因此,高校开展中华优秀传统文化育人工作,要紧跟时代步伐,更新教育理念,转变教育思想,让以学生为中心的教育理念真正落到实处。

育人内容是提升教育品质的关键,育人内容的创新是提升教育创新的内核。高校在落实文化育人理念时,要注重对中华优秀传统文化育人内容的创新,深入挖掘中华优秀传统文化的内核及精华,挖掘其中与学生专业、职业发展相关的文化元素,使其更贴近学生的生活,更容易被学生接受。

要提高中华优秀传统文化育人的实效,必须要重视教育平台和教育方法的创新。近年来,高校在开展中华优秀传统文化育人工作时,充分利用互联网平台,实施文化育人信息化发展、网络化发展,但是尚未能搭建起中华优秀传统文化育人的专门平台。从整体上看,高校的中华优秀传统文化育人课程,仍以班级为单位进行课堂授课的方式为主,尚未能开展有关中华优秀传统文化的体验式教育活动。

高校的中华优秀传统文化育人工作创新情况不理想,有主观层面的原因,也有客观层面的原因。其一,学校对教师开展中华优秀传统文化育人工作的创新要求力度不够、创新教育管理不严格;其二,学校的现代化教育设备供给不足,人工智能、大数据等技术支持迭代速度慢,导致中华优秀传统文化育人工作的创新动力不足;其三,教师积极探索教学改革创新的主动性、积极性和创造性不足,互动教学法、体验教学法等创新教育方法运用不足,反映出教师文化责任、文化担当的自觉性有待提高。

2. 协调教育理念下高校中华优秀传统文化育人工作情况

协调发展的教育理念有丰富的内涵和外延,其在高校中华优秀传统文化育人工作中的运用,不仅要求中华优秀传统文化育人各个要素之间协调配合,还要求不同教育主体之间、教育者与受教育者之间协作发展。

高校中华优秀传统文化育人工作要协调课程内外的育人资源。在中华优秀传统文化教育内部,高校要针对大学生的身心特点与认知规律,协调中华优秀传统文化中不同要素、主题内容与教学方法,并将其融入各类课程中,形成科学的中华优秀传统文化教育体系,从而增强中华优秀传统文化教育的有效性和传播力。在中华优秀传统文化教育外部,高校要协调社会资源的开放共享,充分发挥博物馆、纪念馆、爱国主义教育基地、历史文化遗迹的育人功能,拓展外部育人空间,推动中华优秀传统文化教育融入大学生的日常生活,在潜移默化、耳濡目染中夯实传承中华优秀传统文化的根基。

目前,高校的中华优秀传统文化育人工作,对中华优秀传统文化育人各个要素、不同教育主体之间的互动协作关注不够,导致教师设计的中华优秀传统文化课程在教学内容和教育方式等方面的针对性和协调性不强,从而影响了高校中华优秀传统文化育人工作的高效推进。导致这种情况产生的原因有很多:一是学校没有从全局和整体的角度对中华优秀传统文化育人工作进行统筹安排,也没有在制度和机制层面建立交流和协调的渠道,导致不同院系、不同学科、不同课程的教师在开展中华优秀传统文化育人工作时缺乏协作精神和驱动力;二是教师在推动中华优秀传统文化育人工作时缺乏全局观念,在课程设计和教学过程中,仅考虑完成自己的教学任务,没有考虑与同类课程和教师协调合作,使中华优秀传统文化教育内容更有针对性和系统性。

3.绿色教育理念下高校中华优秀传统文化育人工作情况

绿色发展理念的核心是可持续发展,以及实现人与自然的和谐共存。将绿色发展理念运用到高校教育中,一是营造学校与学生、学校与教师、教师与教师、教师与学生、学生与学生之间和谐共处的校园环境,二是建立一个简洁、高效、可持续发展的绿色教育机制,三是构建一个洁净、健康、有序的教育内容体系。

营造绿色、和谐的高校环境,是构建社会主义和谐社会的重要组成部分,是高校各个群体的兼容共生、和谐有序,是高校安定团结的有效载体。校园是大学生学习和生活的主要场所,营造一个和谐融洽的校园环境,能够让大学生在潜移默化中养成良好的个人修养,形成和谐的人际关系。高校通过开展中华优秀传统文化育人工作,从中华优秀传统文化丰富的育人资源中选取相应的内容,使学生形成正确的价值体系,提升学生的思想文化修养,加深学生的可持续发展意识,改善学生的人际交往能力。目前,高校在推进中华优秀传统文化育人工作的过程中,对构建学校与学生、学校与教师、教师与教师、教师与学生、学生与学生之间和谐关系有促进作用,但在教师与学生的互动不足,教育形式比较单一。

坚持将绿色发展理念引入高校中华优秀传统文化育人工作中,一方面是在日常生活中,推行可持续发展行动,如使用电子书和电子文件、践行光盘行动、节约资源、绿色出行等;另一方面是对中华优秀传统文化教育资源进行科学配置,加快数字化建设,发挥"互联网+"优势,利用数字化技术,打造中华优秀传统文化资源线上分享平台,将中华优秀传统文化以"更年轻"的方式呈现给大众,实现中华优秀传统文化内容的全景式、立体式、延伸式展示,构建中华优秀传统文化全媒体传播格局,提升中华优秀传统文化的传播力和影响力。高校中华优秀传统文化育人工作应立足长远、关注未来,立足学生成长发展的过程、教育发展的规律、党和国家未来的发展,规划中华优秀传统文化育人工作的目标、任务和行动,建立科学的育人体系和教育机制。目前,高校在推进中华优秀传统文化育人工作的过程中,育人体系和教育机制还不完善,缺乏针对学生在校不同阶段中华优秀传统文化教育的具体行动计划,并且仅把中华优秀传统文化育人工作放在通识教育中完成,导致高校中华优秀传统文化育人工作缺乏系统性和科学性。

高校想要通过中华优秀传统文化育人工作培养具有绿色发展理念的高素质人才,应着眼于学生身心健康发展的需求,制定科学合理的人才培养方案,采取通识教育和专业教育相结合的方式,构建洁净、健康、有序的教育内容体系,有组织、有计划、有针对性地开展教育教学活动。目前,高校在推进中华优秀传统文化育人工作的过程中,存在教育功利化、短视化行为,特别是使用灌输式的教育方法,不利于学生身心的健康发展。高校应丰富校园文化建设,通过课程活动化、活动课程化,定期开展中华优秀传统文化育人实践活动,开足、开齐、开好寓教于乐的中华优秀传统文化活动,使学生获得精神上的愉悦和情操上的陶冶。

导致高校中华优秀传统文化育人工作持续推进不理想的原因有很多:一是学校的管理问题,学校没有从文化强国、文化育人和学校发展的高度,构建起教师中华优秀传统文化育人工作绿色发展的制度体系和考核体系;二是教师在开展文中华优秀传统文化育人工作中对绿色发展理念落实不够,反映了教师自觉性不高、内在动力不足;三是学生对中华优秀传统文化和绿色发展理念的需求没有被激发出来,使其缺乏学习的主动性。

4. 开放教育理念下高校中华优秀传统文化育人工作情况

开放教育理念的内容很丰富,其中,教育环境的开放,可以使受教育者在更多的育人环境中接受教育,如博物馆、纪念馆、爱国主义教育基地、历史文化遗迹等,从而生动教育内容;教育主体的开放,可以将更多的社会角色引入教育的过程中,如博物馆讲解员、社会实践导师等,从而丰富教育视野;教育方法的开放,可以使教育教学不拘泥于实体课堂的基础模式,还可以运用远程教育、虚拟现实、短视频等手段,丰富教育形式。

高校开展中华优秀传统文化育人工作,要秉持开放的教育理念,按照上述思路来推进中华优秀传统文化育人工作的改革创新和高质量发展。目前,高校在推进中华优秀传统文化育人工作的过程中,基本上仍以实体课堂为主,沿用传统的教学模式,对互联网、数字化技术和教育资源的开发利用不够,导致中华优秀传统文化教育环境简单、形式单一、内容枯燥。

上述问题产生的原因是多方面的。首先,在学校层面,高校对中华优秀传统文化育人工作采用开放教育理念缺乏明确的规定,导致教师在进行改革创新时缺乏指导和监督。高校对中华优秀传统文化育人工作所需的软件和硬件供给不足,影响了中华优秀传统文化育人工作的有效开展。其次,在教师层面,教师的文化育人自觉性不强,缺乏推动中华优秀传统文化育人工作创新的内在动力。最后,在学生层面,学生未能对中华优秀传统文化产生足够的认同感和兴趣,主动学习中华优秀传统文化的意愿不强烈。

5.共享教育理念下高校中华优秀传统文化育人工作情况

高校要落实共享教育理念,师生之间、教师之间、学校内外应做到中华优秀传统文化育人资源和模式的共享。高校在开展中华优秀传统文化育人工作的过程中,应注重师生之间、教师之间和学校内外的交流与共享,积极开展交流互动,力求教学相长。目前,高校内部教育资源共享的力度、广度、深度还不够,学校内外对教育环境的共享机制不健全,教师间的教育信息、教育资源、教育方法等的共享交流也明显不足,导致高校中华优秀传统文化育人工作的质量、水平提升较慢,教师的教学能力进步空间小,影响高校中华优秀传统文化育人工作的推进效果。

导致高校中华优秀传统文化育人工作持续推进不理想的原因是多方面的。其中的根本原因是学校层面没有为教育行动共同体、学习行动共同体的建构提供顶层设计和制度支撑。此外,高校从事中华优秀传统文化育人工作的教师,共享意识不强,没有自觉地构建教师与教师之间、教师与学生之间、学生与学生之间的中华优秀传统文化的常态化共享机制。

四、新发展理念下高校中华优秀传统文化育人工作的改进

从新发展理念的角度来看,当下高校中华优秀传统文化育人工作存在不足之处,一些方面还有待改进。因此,高校应以新发展理念来推进教育改

革和创新。新时代,高校的中华优秀传统文化育人工作同样需要新发展理念,因此,高校应抓牢新发展理念的核心精神,引领中华优秀传统文化育人工作的改革创新,推动其创新发展、协调发展、绿色发展、开放发展、共享发展,不断提高教育质量,提升学生的文化素养和文化精神。

1. 创新教育理念下高校中华优秀传统文化育人工作的改进

首先,要推动教育理念的创新。创新是发展的核心。高校教育创新要从理念创新入手。高校推动中华优秀传统文化育人工作,要审视现行的教育理念能否适应新时代的发展需要,反思现行教育理念是否有需要改进之处,尊重教育规律,创新教学思维,更新教育理念,引领高校中华优秀传统文化育人工作高质量发展。

其次,要推进教育内容的创新。教育内容决定教育的内在品质和境界。高校在开展中华优秀传统文化育人工作时,应该以创新教育理念为基础,结合中华优秀传统文化育人工作的实际情况,积极挖掘中华优秀传统文化中的优质资源,并注入红色文化、现代文化的新内容,尽力与职业教育、专业教育和日常生活对接,对教育内容进行升级,重新设计和规划教学内容,不断提升中华优秀传统文化育人工作的吸引力和感染力。

再次,要推进教育方法的创新。教育方法的创新决定教育效率的高低。高校在推动中华优秀传统文化育人工作时,必须要在教育平台的使用率和创新教学方法上下功夫,跳出既定思维,结合实际教学内容,推行慕课、翻转课题、对分课堂等新方法,尝试视频、音频、图片、动漫等新形式,激发教育活力,让课堂更生动,让学生更主动。

最后,要推进教育评价的创新。教育评价指引教育方向。高校在推动中华优秀传统文化育人工作时,要引入科学的教育评价机制,并根据教学的实际情况、未来发展方向及党和国家对教育的最新要求适时调整创新,健全、创新中华优秀传统文化育人评价机制。教育教学评价体系是引领中华优秀传统文化教育健康发展的指挥棒,建立和完善教育教学评价体系,既要有只争朝夕的精神,又要有持之以恒的坚守。

2. 协调教育理念下高校中华优秀传统文化育人工作的改进

协调发展理念是一种统筹发展的理念。将协调发展理念引入教育行业,形成了协调教育理念。高校要以协调教育理念推动中华优秀传统文化育人工作,就要从学校领导到一般教师树立协调发展的新教育理念,并使其在中华优秀传统文化育人工作的全员、全过程、全方位教育中一以贯之。

高校中华优秀传统文化育人工作的协调发展,首先要在教育内容上进行协调统筹。其一，要在中华优秀传统文化的内部，协调统筹各方面的育人资源；其二，要协调统筹中华优秀传统文化教育与专业教育、职业教育等的教育资源，从而推动高校中华优秀传统文化育人工作的协调发展；其三，要在不同学科之间平衡、协调教育内容、教育目标和教师协作，从而形成中华优秀传统文化育人工作的强大合力。

高校中华优秀传统文化育人工作的协调发展，要建立专门的协调部门和常态化的协调机制，集中统筹的力量，强化组织协调职能，切实发挥组织的协调作用，精心谋划各阶段的重点任务，搞好分类指导，突出工作重点，不断推动中华优秀传统文化育人工作有序开展。同时，要在高校内建立中华优秀传统文化育人共同体，协调各学科、各部门的教师，并在教师之间建立常态化、规范化的交流和协作机制，为中华优秀传统文化育人工作的协调统筹贡献制度力量，确保中华优秀传统文化教育做出特色、产生效果、树立品牌。

3. 绿色教育理念下高校中华优秀传统文化育人工作的改进

以绿色教育理念推动高校中华优秀传统文化育人工作，必须从学校领导到一般教师，再到学生，将绿色发展教育理念一以贯之。具体来说，就是必须树立立足长远、立足未来的可持续发展理念，树立教师与教师之间、教师与学生之间、学生与学生之间、教育与环境之间和谐共存、有序发展的新教育理念。

高校以绿色教育理念推动中华优秀传统文化育人工作，教师要审视已有教育内容的情况，反思其是否有利于学生健康成长和长远发展，针对学生的职业发展需要和专业发展需要，组织绿色教育内容，建构健康的教育内容体系，推动文化育人绿色发展，不断提升文化育人的内容品质，为高校中华优秀传统文化育人工作贡献内容力量。

高校以绿色教育理念推动中华优秀传统文化育人工作，要采用绿色的教育方法，推动文化育人绿色发展。高校及其教师应积极对现有的教育方法和教育平台进行绿色化的处理和建设，保证所有平台和方法健康、有序，真正推动中华优秀传统文化育人工作绿色和可持续发展。

高校以绿色教育理念推动中华优秀传统文化育人工作，要构建绿色的教育评价机制，强力督导中华优秀传统文化育人的绿色发展。高校应注重教育评价对中华优秀传统文化育人的指导作用，对整个育人过程、环节和要素进行督导、检查和评价，以强有力的外在评价驱动中华优秀传统文化育人的绿色发展。

4.开放教育理念下高校中华优秀传统文化育人工作的改进

以开放教育理念推动中华优秀传统文化育人工作改革创新,高校及其教师应从现有理念的改革入手,把开放教育理念贯穿教育的全过程和各方面,逐步引领中华优秀传统文化育人工作走向创新之路,形成开放发展的教育新格局,从而推动高校中华优秀传统文化育人工作开放式发展。

高校以开放教育理念推动中华优秀传统文化育人工作,要构建科学的、包容的、开放的文化育人内容体系。内容决定品质。高校及其教师应保持开放、包容的教育心态,注重中华优秀传统文化育人内容在新时代的新表达,并根据教育强国建设和学生发展需要,不断挖掘新的内容,注入新的活力,提升中华优秀传统文化育人内容的品质和境界。

高校以开放教育理念推动中华优秀传统文化育人工作,要采用开放自由的育人方式。方式决定效率。高校及其教师应积极践行开放发展新理念,打破旧思维的局限,以开放的眼光和魄力,在中华优秀传统文化育人工作采用开放的教育平台、尝试开放的教育方法,坚持内外联动,构筑全面开放新格局,促进开放创新的深度融合,以高水平开放促进中华优秀传统文化育人工作高质量发展。

高校以开放教育理念推动中华优秀传统文化育人工作,要构建多元开放的评价机制。高校管理部门应从多角度加强对中华优秀传统文化育人工作的督导和评价,既要持续深化管理人员、教师、学生等评价要素的多元化开放,又要稳步拓展规则、管理、标准等制度型开放,为自主可控的现代教育评价体系构建奠定了制度基础。同时,将自我评价和外部评价相结合,采用全过程开放的评价模式,最终实现高水平开放和高质量发展的良性互动。

5.共享教育理念下高校中华优秀传统文化育人工作的改进

以共享教育理念推动高校中华优秀传统文化育人工作的改革创新,就是要将共享发展理念在高等教育中贯彻落实。高校在推动中华优秀传统文化育人工作时,应把共享理念融入教育教学,不仅要在教育过程和教育形式上实现共享,还要教育发展成果上实现共享,从而服务教育强国建设和经济社会发展,展现中华优秀传统文化教育新作为。

高校以共享教育理念推动中华优秀传统文化育人工作,应精心打造中华优秀传统文化育人内容,挖掘中华优秀传统文化的历史价值、艺术价值和教育价值,充分利用博物馆、纪念馆、历史遗迹等共享空间,使其作为鲜活的教育内容深度融入教材、走进课堂,转化为育人的不竭力量。要不断探索和创新以中华优秀传统文化涵育时代新人的实践路径,丰富中华优秀传统文化育人的渠道,完善中华优秀传统文化育人的内容体系,为教育强国建设、民族复兴伟业汇聚磅礴的青春力量。

高校以共享教育理念推动中华优秀传统文化育人工作,应把共享教育理念和实践纳入教育战略体系,构建教育共享机制,大力破除制约共享发展的深层次体制机制障碍,进一步激活共享发展动能。加快探索高校中华优秀传统文化育人工作中知识、技术、管理、数据等要素价值的实现形式,着力完善教育体系化、战略化配置机制,建设新发展理念下高标准的共享教育实现机制。

高校以共享教育理念推动中华优秀传统文化育人工作,要从教育管理的角度,构建中华优秀传统文化育人标准体系和评价体系。教育评价和督导是推动教育发展的强大推动力。将共享教育理念整合中华优秀传统文化育人资源、提高办学效益等方面纳入评价体系,一方面重视教师评价对教学改进的指导作用,构建以促进教师专业发展为目标的发展性评价方式,推动中华优秀传统文化教师从教育执行者向教育设计者转变;另一方面切实增强学生对中华优秀传统文化的学习兴趣和有效性,提升学生的自信心和获得感,激励学生全面发展,有利于提高教育资源投入产出比,推进高校中华优秀传统文化育人工作提质增效。

总之,高校要立足新发展阶段,贯彻新发展理念,构建教育新发展格局。中华优秀传统文化育人工作作为新时代高校教育的重点,与新发展理念十分契合,能够参照新发展理念构建适合自身发展的新模式和新样态。今后,高校应在理论研究与实践推进中,继续以新发展理念推动中华优秀传统文化育人工作不断前行和高质量发展,满足人民群众对优质教育的新期待和新需求。

第六章 以中华优秀传统文化培根铸魂

　　文化兴则国运兴,文化强则民族强。五千多年来,中华民族之所以能够历经磨难而生生不息、屡经世变而固本开新,最重要的原因是有中华优秀传统文化作为其精神支柱。中华优秀传统文化是中华民族的精神财富,也是华夏文明的代表性文化瑰宝,不仅具有极高的人文性和思想性,而且从古至今一直具有较高的教育价值。要想使中华优秀传统文化真正融入大学生的思想政治教育中,发挥积极的育人作用,必须推动中华优秀传统文化的创造性转化和创新性发展,促进中华优秀传统文化对外交流互鉴,推动文化的自信自强。这为我们在新的历史起点上继续推进中华优秀传统文化与思想政治教育工作相融合,强化中华优秀传统文化的育人功能,指明了方法路径,提供了根本遵循。

第一节 中华优秀传统文化的创造性转化和创新性发展

文化是民族生存和发展的重要力量,它为民族提供了强大的精神支撑和丰厚的文化滋养。历史和现实都表明,一个民族如果抛弃自己的文化,就会失去精神支撑,难以屹立于世界民族之林。中华优秀传统文化拥有丰富的营养和智慧,传承和弘扬中华优秀传统文化对于推进社会主义文化强国建设和提高国家文化软实力至关重要。

在中华民族发展的历史进程中,中华传统文化历经数千年的沉淀,已经根植于中国人的血脉中,成为中国人日用而不自觉的精神财富。中华优秀传统文化是对中华传统文化的批判性继承和弘扬。要想让中华传统文化在当代发挥育人功能,必须对其重新审视和评价。在如何看待中华传统文化这一问题上,我们既不能采取全盘接受的态度,大兴传统文化至上的文化复古主义,也不能采取全盘否定的态度,鼓吹无视传统的历史虚无主义,应该始终秉持"取其精华、去其糟粕,古为今用、推陈出新"的文化理念。毛泽东同志指出,对我们的历史文化,要"剔除其封建性的糟粕,吸收其民主性的精华""决不能无批判地兼收并蓄"。习近平总书记也强调,要"深入挖掘古籍蕴含的哲学思想、人文精神、价值理念、道德规范,推动中华优秀传统文化创造性转化、创新性发展",要"有鉴别地加以对待,有扬弃地予以继承",要"坚持历史唯物主义立场,坚持古为今用,去粗取精,去伪存真,因势利导,深化研究,使其在新的时代条件下发挥积极作用"。

一、创造性转化和创新性发展的含义

纵观世界历史发展轨迹可以发现,优秀的文化如果不能进行创造性转化将注定走向衰落,不能进行创新性发展则注定走向消亡。所谓的"创造性转化"和"创新性发展",就是在现代化背景下,以马克思主义为指导,以中国特色社会主义建设为旨归,在整体上对中华优秀传统文化进行的现代性重建。创造性转化和创新性发展的内涵可以从两个维度进行理解。

一是创造性转化。中华传统文化产生、发展于漫长的历史时期。对中华传统文化的挖掘提取,应采取甄别的态度,对至今仍有借鉴价值的文化元素,进行符合当代需要的改造,赋予其新的生命力,使其在实现新时代、新征程、新使命中发挥作用。究其实质,就是对中华传统文化予以扬弃,取其精华、去其糟粕,批判性继承中华传统文化,传承中华优秀传统的文化因子。

二是创新性发展。一个时代有一个时代的文化,文化会随着时代的变迁而不断地调整自己的形式,并增加新的内容,以解决新时代面临的新问题。中华优秀传统文化不是凝固的历史,而是动态的传承,在不同的时代,其内容和形式都呈现出较大的差异。创新性发展就是根据不断变化的时代和不断涌现的新问题,与时俱进地补充、拓展和完善中华优秀传统文化,实现中华文化体系和形态的整体演进与发展。

创造性转化与创新性发展既有区别,也有联系。创造性转化是前提,是基础,是创新性发展的准备;创新性发展是目的,是结果,是创造性转化的归宿。没有创造性转化,就很难有创新性发展。文化的传承与发展是一体的,文化在传承中发展,文化的发展离不开传承。文化就是在不断地创造性转化和创新性发展中生生不息,开拓新的境界,铸造新的辉煌。

弘扬和传承中华优秀传统文化,要以创造性转化和创新性发展作为指导方针和根本遵循。

时代在不断发展,社会在不断进步。相应的,当代中国人的文化理念、思维方式也在不断的发展中进行创造性转化,顺应文化发展的时代之需、现实之需,对中华传统文化中仍有借鉴意义和时代价值的内容进行改造,使其能够与现代社会相适应,与人民需求相吻合,赋予其新的时代内涵,也就是我们通常所说的"古为今用"。创新性发展则是按照时代的新进步、新进展,在不背离中华传统文化精髓的前提下,对其内涵加以补充、拓展、完善,实现对中华优秀传统文化的超越,增强其影响力和感召力。

创造性转化和创新性发展,是赋予中华传统文化新的时代内涵的两个不同方面。创造性转化重在传承,创新性发展重在创新,二者构成一个有机的整体,创造性转化为创新性发展提供前提和基础,创新性发展为创造性转化带来进步和提升,二者共同促进中华传统文化的现代化改造。

创造性转化和创新性发展是以马克思主义为"魂",以中华优秀传统文化为"根",使二者在中国式现代化的时代背景下相互诠释、相互转化和相互融合,激发中华优秀传统文化的旺盛生机和活力,以便成功地应对和解决时代问题,形成新时代中国特色社会主义的思想文化基础,最终成为一种新的文明形态。

二、创造性转化和创新性发展的基本原则

中华优秀传统文化内容丰富、灿烂辉煌,对其进行创造性转化和创新性发展的方法多样,但基本原则可以归纳为三点。

一是做到理性客观。要理性客观地对待中华传统文化,需要摒弃三种错误倾向:其一,摒弃历史虚无主义,不能抹杀中华优秀传统文化的现实价值;其二,摒弃历史复古主义,不能一味地对传统文化顶礼膜拜,认为传统的一切都好,而是要辩证地继承其精华的部分;其三,摒弃急功近利的实用主义,要理性客观地认识中华文明的历史,不溢美、不隐恶,深入挖掘其中具有时代价值的内涵,从而准确把握中华优秀传统文化创造性转化的内容和创新性发展的方向。

二是做到"魂""根"结合。马克思主义虽然诞生于一百多年以前,但其基本原理时至今日仍闪耀着真理的光辉。中华优秀传统文化的创造性转化和创新性发展,必须以马克思主义为指导。只有将马克思主义与中华优秀传统文化相结合,以马克思主义的"魂"激活中华优秀传统文化的"根",才能开拓出新的文化创新空间,使中华民族现代文明的艳丽花朵绽放。

三是做到以问题为导向。坚持以问题导向是马克思主义的鲜明特点。问题既是文化创新的起点,也是文化创新的动力源泉。纵观历史,每一种新的文化形态的诞生都是成功回答时代之问的结果,为解决新问题而构建的新的理论体系推进了文化形态的更替和嬗变。中华优秀传统文化的创造性转化和创新性发展必须直面问题、有的放矢,以解决时代面临的重大课题为出发点和落脚点。既要"顶天",构建中国化的人文社会科学学科体系、学术体系、话语体系,为解决中国问题和推进全球治理进步提供学理支持;又要"立地",开启中华优秀传统文化资源的普及化、产业化,生产出民众喜闻乐见的文化产品,满足人民群众对美好精神生活的需求,推进建设文化强国和中华民族现代文明。

三、创造性转化和创新性发展的基本要求

马克思指出:"理论的对立本身的解决,只有通过实践方式,只有借助于

人的实践力量,才是可能的。"推动中华优秀传统文化创造性转化和创新性发展,要从实践的角度入手,探寻基本路径,探求有效措施。

首先,推动中华优秀传统文化创造性转化和创新性发展,要全面深入了解中华文明的历史和中华优秀传统文化的时代价值。

习近平总书记指出:"只有全面深入了解中华文明的历史,才能更有效地推动中华优秀传统文化创造性转化、创新性发展,更有力地推进中国特色社会主义文化建设,建设中华民族现代文明。"全面深入了解中华文明的历史,是推动中华优秀传统文化创造性转化和创新性发展的重要前提。

中华文明源远流长、博大精深。总览世界文明,中华文明是唯一一个没有中断过的文明。中华民族五千多年的文明史,体现了中国人民在长期的共同生活中所产生和积累下来的世界观、人生观、道德观,具有突出的连续性、创新性、包容性与和平性。几千年来,中华文明始终在兼收并蓄中历久弥新,中华优秀传统文化所承载的价值取向、精神品格、思想精华、道德精髓,深深地融入中华民族的血脉之中,构筑起中华民族的精神家园。

中华优秀传统文化是中华民族的精神血脉和支撑。习近平总书记指出:"一个国家、一个民族的强盛,总是以文化兴盛为支撑的,中华民族伟大复兴需要以中华文化发展繁荣为条件。"在历史视域下,中华文明能够历经五千多年而从未中断,主要是因为有中华优秀传统文化作为精神支撑。回顾历史,中华优秀传统文化在其中发挥了举足轻重的作用:中国"大一统"政治局面的形成,有中华优秀传统文化的助力和支持;中华民族共同体意识的形成和巩固,有中华优秀传统文化的促进和凝聚。在现实视域下,中华优秀传统文化在今天仍然是中国人民的力量来源和精神支柱,其所弘扬的价值观念和道德规范仍是社会主义核心价值观重要的文化来源,甚至成为中国文化事业和文化产业发展的基础,推动中国社会的进步和发展,对解决当代人类面临的各种难题有着重要启示作用。

其次,推动中华优秀传统文化创造性转化和创新性发展,要在习近平新时代中国特色社会主义思想的指导下进行,坚持把马克思主义基本原理同中华优秀传统文化相结合。

纵观马克思主义中国化时代化的历史进程可以发现,"两个结合",即坚持把马克思主义基本原理同中国具体实际相结合、同中华优秀传统文化相结合,是开辟和发展中国特色社会主义的必由之路。党的二十大报告指出:"必须坚定历史自信、文化自信,坚持古为今用、推陈出新,把马克思主义思想精髓同中华优秀传统文化精华贯通起来、同人民群众日用而不觉的共同价值观念融通起来,不断赋予科学理论鲜明的中国特色,不断夯实马克思主义中国化时代化的历史基础和群众基础,让马克思主义在中国牢牢扎根。"

"结合"的前提是彼此契合。这种"结合",不是浅层次的、"物理层面"的堆叠,而是深层次的、"化学层面"的反应。只有立足波澜壮阔的中华五千多年文明史,贯通马克思主义和中华优秀传统文化的精髓,融合中华民族共同的价值观念,充分挖掘中华优秀传统文化的精髓,赋予其新的时代内涵,增强中华民族的文化自信、文化自觉、文化自强,才能真正焕发马克思主义的生命力,更好地指导中国式现代化、建设中华民族现代文明。

最后,推动中华优秀传统文化创造性转化和创新性发展,要将中华优秀传统文化落实到社会现实生活中,在实践中增强其影响力和感召力。其重点在于将中华优秀传统文化落到社会生活的实处,在实践中不断强化人们对中华优秀传统文化的认同,从而增强其在当代的影响力和感召力。

要发挥党和政府的引领保障优势。要坚持党对中国特色社会主义文化事业的全面领导,通过党对文化事业的宏观指导、力量调动和资源整合等,开创中华优秀传统文化传承发展工作的新格局。

要加强对中华优秀传统文化资源的挖掘和保护。积极构建中华优秀传统文化传承体系,积极实施中华文化传承工程、典籍整理工程等,使中华优秀传统文化薪火相传,成为中华民族生生不息、发展壮大的丰厚滋养。要在传承保护的基础上,汲取世界各民族优秀文化,不断培育和创造新时代中国特色社会主义文化。

要拓展中华优秀传统文化传播路径。充分发挥主流媒体与新媒体平台在中华优秀传统文化传播中的作用,实现在社会各领域的有效传播,让中华优秀传统文化与人民生产生活深度融合。构建融通中外的话语体系,不断创新国际传播与交流模式,增强中华优秀传统文化的世界影响力。

要积极发展新型文化业态。当前,数字技术已经广泛应用于文化领域,催生了一大批新的文化形态和文化业态。要充分运用新型文化业态多样化模式,对中华优秀传统文化进行多种形式的创意表达,打造系列文化精品,增强中华优秀传统文化的感召力。

四、以文化的创造性转化和创新性发展助力中国式现代化

党的二十大报告指出:"我们确立和坚持马克思主义在意识形态领域指导地位的根本制度,新时代党的创新理论深入人心,社会主义核心价值观广泛传播,中华优秀传统文化得到创造性转化、创新性发展,文化事业日益繁荣,网络生态持续向好,意识形态领域形势发生全局性、根本性转变。"这一论述,反映了中国在思想文化和意识形态领域取得如此重要的成果,离不开中华优秀传统文化的传承与创新。中华民族立足于自身优秀的传统文化,在风云激荡中站稳了脚跟,在时代变迁中勇立潮头。因此,在中国式现代化进程中,必须要实现中华优秀传统文化的创造性转化和创新性发展,让中华优秀传统文化贴近现实生活,紧扣时代之需,借助科技和产业,开拓文化市场,助力实现中国式现代化。

中华优秀传统文化中蕴含的价值目标和精神追求,为中国式现代化道路提供了肥沃的文化土壤和精神基础。基于中华优秀传统文化,中国式现代化更具中国特色。中国式现代化的"中国式"体现在中国特色社会主义,我们开辟了中国特色社会主义道路是我国历史传承和文化传统决定的,中国式现代化也是从对传统文化的传承发展而来。中国式现代化具有各国现代化的共同特征,又由于受到中华优秀传统文化的浸润呈现出更加鲜明的中国特色。中国式现代化道路的开创标志着中国实现了对西方资本主义现代化模式的批判与超越,创造了人类文明新形态。正是以本国的传统文化为基础,我们才开拓了符合自身实际情况和发展要求的现代化道路。继承弘扬优秀传统文化理念,为中国式现代化奠定坚实思想基础,大力推动实现中国式现代化。

借鉴吸收中华优秀传统文化思想,为中国式现代化提供了五个方面的文化资源:中国式现代化是人口规模巨大的现代化,中华优秀传统文化中"民为邦本、为政以德"的民本主义思想,在凝聚民心、汇聚合力方面发挥着积极的作用;中国式现代化是全体人民共同富裕的现代化,中华优秀传统文化中"治国之道,富民为始""民亦劳止,汔可小康"的富民思想,顺应了中国特色社会主义的本质要求,为满足人民日益增长的美好生活需要提供了文化基础;中国式现代化是物质文明和精神文明相协调的现代化,中华优秀传统文化中的"仓廪实而知礼节,衣食足而知荣辱"等理念,把人的物质追求和

精神建设作为重要目标,促进物质生活的全面丰富和人的全面发展;中国式现代化是人与自然和谐共生的现代化,中华优秀传统文化中的"道法自然、天人合一"的自然观,倡导人与自然的生命共同体意识,倡导人与自然和谐共生的绿色发展理念,推动实现中华民族的永续发展;中国式现代化是走和平发展道路的现代化,中华优秀传统文化中"亲仁善邻、和而不同"的包容理念,让中国坚定地站在历史正确和文明进步的一边,把实现中华民族伟大复兴和构建人类命运共同体有机地统一起来,推动中国以和平的方式实现中国式现代化。

中华优秀传统文化为中国式现代化滋养民族精神根脉。对传统文化进行科学分析,做好中华文明起源的研究和阐释,加强历史典籍版本的收集和保护,把世界上唯一没有中断的文明继续传承下去。进一步加强对优秀传统文化的系统整理,精准挖掘和科学阐释中华优秀传统文化的内涵特质,并赋予其新的时代意义。中华文明具有突出的创新性,要守好传统文化正气,更要保持创新锐气,建设中华民族现代文明,使中华民族最基本的文化基因与当今时代相适应、与中国式现代化进程相协调。

以马克思主义真理力量激活优秀传统文化,为中国式现代化提供有力精神支撑。中华优秀传统文化实现创造性转化和创新性发展,要与马克思主义基本原理相结合。马克思主义和中华优秀传统文化具有高度契合性,二者相结合能够为传统文化注入科学理性精神、提供深刻思想内涵,促进中华优秀传统文化实现质的飞跃,造就一个有机统一的新的文化生命体。以马克思主义为理论指导,对中华优秀传统文化进行创造性转化和创新性发展,在传承中华优秀传统文化中推进文化创新,为中国式现代化道路的拓展提供有力的精神支持和不竭的思想源泉。

在深化文明交流互鉴中激活优秀传统文化,为中国式现代化凝聚强大的精神力量。中华优秀传统文化以包容开放的胸怀、兼收并蓄的品质,使其在文化的碰撞与交流的过程中不断焕发新的活力。文明交流互鉴的历史充分说明,思想文化需要在持续互动中得以传播和发展。要积极吸纳外来文化、文明的精华。深刻洞察人类发展进步的潮流,尊重世界其他文明的多样性,使中国式现代化道路既符合中国国情实际,也符合时代发展要求,对全人类发展发挥独特作用和优势。要推动中华文化更好地走向世界,大力弘扬超越国界、具有当代价值的文化精神,在走出去的过程中推动传统文化的拓展和转化,弘扬中华文明蕴含的全人类共同价值,推动中华优秀传统文化的创新和发展,为推进中国式现代化提供绵延不绝的精神动力,为人类实现现代化贡献中国智慧和中国方案。

第二节 以开放包容促进中华优秀
传统文化对外交流互鉴

"泰山不让土壤,故能成其大;河海不择细流,故能就其深。"开放包容始终是文化自信的显著标志,也是文明发展的活力来源。中华民族自古以来的开放姿态和包容胸怀,促进了中华优秀传统文化在对外交流互鉴中走向繁荣和发展。

一、秉持开放包容体现文化发展主动性与互动性的
辩证统一

开放包容,就是以世界眼光和战略思维兼收并蓄、博采众长。开放包容既是文化繁荣发展主动性的要求,也是文化发展互动性的体现。以开放包容的姿态担负起新的文化使命,要自觉把握文化繁荣发展主动性与互动性的内在统一,既要切合自身实际,充分发挥主动性、认识特殊性,有愿景、有规划、有落实地推进新时代社会主义文化建设,又要结合文化繁荣发展的规律性、普遍性,使开放包容成为推动中华优秀传统文化实现创造性转化和创新性发展、更好走向世界的强大精神力量。

主动性是人的社会积极性和政治积极性的表现形式,它是一种不待外力推动而自觉的行为。马克思把满足人的自我需要看作是人们从事生产生活实践的重要推动力,看作是人们积极主动将人的本质力量对象化、将自在自然改造为人化自然的重要推动力,阐明了主动性在人的自我满足方面的朴素道理。在文化领域,文化实体的自我满足和自我发展同样需要一种积极主动的良好心态,既表现为一种开放包容的心理状态,能够充分自识自省,允许各类文化要素和文化群体的客观存在,又表现为能够善识善取他人之长,愿意与各类文化要素和文化群体展开交流碰撞,互相学习。只有如此,文化实体内部才会形成水乳交融的文化氛围,开展互促互进的文化实践,最终沉淀为人类历史上璀璨耀眼的文化瑰宝。

人类文明多样性是世界的基本特征,也是人类进步的源泉。"文明因多

样而交流,因交流而互鉴,因互鉴而发展。"事实上,在文明发展史上,中外文明的双向互动始终相伴。中华文明在数千年的发展过程中,始终以海纳百川的胸怀,吸收和借鉴外来优秀文化的积极因素,不断完善本民族的文化血脉,又在与外来文化的交流中,传播中华优秀传统文化的精华和智慧,实现了文化的交融发展。中华文明在与世界文明交流互鉴的动态过程中,先后吸收了游牧文明、波斯文明、印度佛教文明、阿拉伯文明、欧洲文明等,兼收并蓄各国、各民族优秀文明成果,不断注入新的能量、不断焕发新的生命力,从而对人类文明的发展做出卓越贡献。世界范围内的文化交融、文明交织是世界历史深刻演进的必然结果,这一客观规律要求:秉持开放包容的姿态,才能真正适应时代发展,引领时代潮流。

在唯物史观视域下,人类文明的发展规律是从区域史走向世界史、从民族史走向人类史。随着生产力发展水平的不断提高,全球范围的信息、贸易、资本、人口、政治等领域的交流日益紧密,在当今更是表现为信息资讯全球化、经济贸易全球化、文化传播全球化等显著特征,各文化实体只有适应时代发展需要,以开放包容的姿态开眼看世界,尊重文化繁荣发展的时代特征,把握客观规律,才能在人类文明的世界舞台上站稳脚跟、有所建树并释放异彩。

二、秉持开放包容彰显推进中国式现代化鲜明的文化标识

中华文明传承发展至今,兼收并蓄的开放包容性贯穿始终。开放包容既是态度,更是行动。新时代,中国正以开放包容的姿态谋新篇、开新局,主流思想舆论不断巩固壮大,文化自信日益彰显,国家文化软实力和中华文化影响力大幅提升。

在五千多年的文明发展史中,中华民族创造的伟大文明绵延传承。在与外部文化交流互鉴的过程中,中华文明始终坚守自己的文化底色,究其原因主要有以下三点:其一,中华文明传承发展得天独厚的外在条件,即内聚的地理环境、广阔的疆域、众多的人口和发达的农耕自然经济;其二,中华文明传承发展持续演进的文化载体,即以象形字为基础、以形声字为主体的汉字体系,有别于西方的字母文字,具有极强的文化固化功能;其三,中华文明传承发展持久稳定的保障机制,即中央集权的政治制度和以儒家学说为主导的意识形态,为文化发展繁荣创造了条件。这些促进和保障了中华民族

沿着适合自身发展特点的道路不断前行,生生不息、薪火相传。凝结中华民族思想智慧的《论语》《道德经》《孙子兵法》等典籍,向其他国家和民族展现了独到的中国理念和中国价值;丝绸、瓷器和茶叶,千百年来源源不断地输往各国,成为独具代表性的中国文化符号。

在与世界不同文明的交流对话中,中华民族牢牢坚守着本民族的文化特性,以鲜明的特色、风格和气派标识出何以中国、何以中华民族,从而使中华文明屹立在世界文明之林。中华民族的现代文明是古老中华文明的延续,是中华文明的全新形态。建设中华民族现代文明,首要在于传承好中华文明,关键在于发展好中华文明。在传承中发展,在发展中创新,有效推动中华优秀传统文化创造性转化、创新性发展,赋予古老的中华文明更加鲜活、更加富有生命力的时代特征,从而为人类文明进步事业提供中国方案、贡献中国智慧。

只有民族的,才是世界的。在世界原生文明中,唯有中华文明经久不衰,始终充满勃勃生机。数千年前,中华民族的先民们秉持"周虽旧邦,其命维新"的精神,开启了缔造中华文明的伟大历程。中华文明在继承创新中不断丰富,在应时处变中不断升华,不仅丰富和发展了自身的文化内涵,更是对周边国家的文化格局,乃至世界文明的进程产生重要影响。

和谐思想是中华文明最重要的内核,中华民族历来崇尚"以和邦国""和而不同""以和为贵",和平、和睦、和谐早已融入中华民族的血脉中。中华民族所传承和追求的和平、和睦、和谐理念历久弥新,导引着中华民族以"天下大同"为理想,以"万物并育而不相害,道并行而不相悖""求同存异""和谐共生"为世界相处之道,以侵犯他人、谋求霸权为耻,以实现世界和平、和睦、和谐为荣,不仅使中华民族始终行进在历史正确的一边,而且彰显了人类应有的道德取向、价值追求和前进方向,为人类文明的进步与发展,为世界的和平、和睦、和谐与繁荣提供了正确的精神指引。中华民族的天下观,是构建人类命运共同体的思想之源、行动之脉,为实现世界持久和平与发展、为开创人类文明新形态提供了丰厚的历史滋养。推动构建人类命运共同体,是中华文明在新时代对世界的又一重大贡献。

党的十八大以来,以习近平同志为核心的党中央,立足国内国外两个大局,着眼于合作共赢、文明互鉴、开放包容的国际交往主基调,秉持中华文化兼收并蓄的开放包容性,提出并推进了一系列为人民谋幸福、为民族谋复兴、为人类谋进步、为世界谋大同的新倡议、新理念,是以中国式现代化推进中华民族伟大复兴的时代缩影,对世界文明交往和文化繁荣做出突出贡献。

中国式现代化着眼于人类共同事业、共同理想、共同追求,力图推动各国人民共享发展成果。2015年9月28日,习近平主席在第七十届联合国大会上指出:"和平、发展、公平、正义、民主、自由,是全人类的共同价值,也是联合国的崇高目标。"这为破解由宗教、文化、历史、意识形态等问题带来的冲突矛盾提供了新的思想共识。

中国式现代化着眼于世界历史发展的总趋势、当前全球性问题和挑战层出不穷的复杂局势,旗帜鲜明地提出构建人类命运共同体这一高屋建瓴的新理念,在世界范围内树立了以开放包容的姿态破解全球治理危机的负责任大国形象,为其他发展中国家的现代化道路提供了宝贵的借鉴。

中国式现代化着眼于突破传统的以贸易和投资便利化为主题的区域经济合作理念和方式,提出并实践了共建"一带一路"的倡议,为共建"一带一路"国家提供共同受益的国际公共产品,为持续低迷的全球经济增长提供了新动力,也为当前全球经济和贸易发展困境、维护多边贸易体制地位提供了新的解决思路和中国方案。

此外,从全球发展倡议、全球安全倡议到全球文明倡议,从坚持共商、共建、共享的发展观到平等、互鉴、对话、包容的文明观,中国政府认真负责、自信自立的高大形象,中华文明开放包容、兼收并蓄的文化内核,在世界范围内得到普遍认可。

今天,建设中国特色社会主义文化强国,既是中华文明五千多年历史发展的必然结果,也是中华民族走出自身文明成长发展道路的必然归宿,还是促进世界其他国家和民族探求自身文明进步之路、推动人类文明进步事业繁荣发展的客观要求,充分表明在新时代中华民族勇于承担推动人类社会发展和世界文明进步的使命,中华民族勇于以更大的勇气和志向建设持久和平、普遍安全、共同繁荣、开放包容、清洁美丽的新世界。建设中华民族现代文明,不仅将造福全体中华儿女,而且必将为实现世界和平、和睦、和谐注入新元素、开辟新路径、注入新活力。

习近平总书记指出:"在新的起点上继续推动文化繁荣、建设文化强国、建设中华民族现代文明,是我们在新时代新的文化使命。"

三、秉持开放包容要练就担负起新的文化使命的
过硬本领

秉持开放包容的态度促进中华优秀传统文化对外交流互鉴,是以更加积极主动的姿态借鉴和吸收人类文明史上的一切优秀成果,通古达今,融会贯通。对内,可以提升中华优秀传统文化的感召力和凝聚力;对外,可以增强中华优秀传统文化的影响力和传播力。努力形成一批优秀的文化成果,破除长期以来存在的所谓的"古今东西之争",担负起新的文化使命,实现中华民族伟大复兴的历史伟业。

担负起新的文化使命,必须要在传承发展中华优秀传统文化的基础上,努力促进外来文化的融合吸收,尤其是要坚持马克思主义中国化时代化,要坚持把马克思主义基本原理同中国具体实际相结合、同中华优秀传统文化相结合,着眼于创造和发展人类文明新形态的壮丽图景,对做好新时代党的宣传思想文化工作提出了更高要求,要在秉持开放包容中练就担负起新的文化使命的过硬本领。

要练就守正创新的本领。2023 年 6 月 2 日,习近平总书记在文化传承发展座谈会上指出:"守正才能不迷失自我、不迷失方向,创新才能把握时代、引领时代。守正,守的是马克思主义在意识形态领域指导地位的根本制度,守的是'两个结合'的根本要求,守的是中国共产党的文化领导权和中华民族的文化主体性。创新,创的是新思路、新话语、新机制、新形式,要在马克思主义指导下真正做到古为今用、洋为中用、辩证取舍、推陈出新,实现传统与现代的有机衔接。新时代的文化工作者必须以守正创新的正气和锐气,赓续历史文脉,谱写当代华章。"坚持守正必须正本清源。"求木之长者,必固其根本;欲流之远者,必浚其泉源。"习近平总书记指出:"马克思主义中国化时代化这个重大命题本身就决定,我们决不能抛弃马克思主义这个魂脉,决不能抛弃中华优秀传统文化这个根脉。"坚持创新必须与时俱进。如果墨守成规、刻舟求剑,人类社会就不能进步。守正是为了推动创新,创新是为了巩固守正。守正释放创新能量,创新激活守正动力。

要练就文明探源的本领。习近平总书记指出:"只有全面深入了解中华文明的历史,才能更有效地推动中华优秀传统文化创造性转化、创新性发展,更有力地推进中国特色社会主义文化建设,建设中华民族现代文明。"厚重悠久的中华文明史本身就是一部开放包容、兼收并蓄的文明交融史。要

在深入的文明探源中用好文物这一优质的文明载体,剖解中华文明起源和发展的历史脉络,展现自古以来中华文明开放包容的气度和风采,展示中华文明镌刻在历史长河中的灿烂成就,在与世界诸多民族文化的历史对比中领会中华文明对世界文明的重大贡献,汲取历史智慧,推动中华文明以新的时代面貌走向世界。

要练就文化传播的本领。秉持开放包容的自信姿态,不仅意味着要广泛借鉴他山之石,以攻己山之玉,更要善于自我推介,展示自身文化的悠久历史、灿烂历程和时代新篇,向世界传递当代中国自信自立、协和万邦的精神风貌。习近平总书记在宣传文化思想工作会议上提出做好宣传文化思想工作的"七个着力",要在文化传播的实践中认真思考,贯彻落实。

要练就拓宽视野的本领。推动建设社会主义文化强国、建设中华民族现代文明,不仅对中国意义重大,也必将对世界产生深远影响。为此,要不断开拓世界视野,把握人类文明发展的整体面貌,更好地认识不同文化产生、发展、交流、创新的普遍性与特殊性,找准中华文化在世界文化舞台中的角色定位,在推动文明交流互鉴中,创造充满活力、交融普惠的人类文明新形态。

中华优秀传统文化需要薪火相传、代代守护,更需要与时俱进、传承创新。文明因多样而交流,因交流而互鉴,因互鉴而发展。著名社会学家费孝通先生曾用"各美其美,美人之美,美美与共,天下大同"总结了处理不同文化关系的方法。交流互鉴是文明发展的本质要求。中华文明只有同其他文明交流互鉴、取长补短,才能保持旺盛的生命活力。党的十八大以来,党中央高度重视中华优秀传统文化的历史传承和创新发展。传统文化教育被赋予了更多的使命和创新力,焕发出新的光彩。党的二十大报告指出:"增强中华文明传播力影响力。坚守中华文化立场……讲好中国故事、传播好中国声音,展现可信、可爱、可敬的中国形象……推动中华文化更好走向世界。"

第三节　推动文化自信自强

推动文化自信自强是一个具有重要意义的大问题,不仅关系到一个国家的国运兴衰和文化安全,还关系到国家精神的凝聚和独立。作为世界上唯一自古延续至今、从未中断的文明,中华文明是中国人民在五千多年的漫长历史中创造的,积淀着中华民族最深层的精神追求,代表着中华民族鲜明的精神标识。推进文化自信自强是全面建设社会主义现代化国家的必然要求。

党的二十大报告提出了新时代新征程中国共产党的使命任务:"从现在起,中国共产党的中心任务就是团结带领全国各族人民全面建设社会主义现代化强国、实现第二个百年奋斗目标,以中国式现代化全面推进中华民族伟大复兴。"

一、推进文化自信自强的时代价值

习近平总书记在党的二十大报告中鲜明指出:"推进文化自信自强、铸就社会主义文化新辉煌。"这为新时代新征程上中国特色社会主义文化建设、社会主义文化强国建设指明了前进方向。"全面建设社会主义现代化国家,必须坚持中国特色社会主义文化发展道路,增强文化自信,围绕举旗帜、聚民心、育新人、兴文化、展形象建设社会主义文化强国,发展面向现代化、面向世界、面向未来的,民族的科学的大众的社会主义文化,激发全民族文化创新创造活力,增强实现中华民族伟大复兴的精神力量。"

首先,文化自信自强是社会主义文化强国建设的目标所系。

社会主义文化强国建设的长远目标就是要让中华文明的传播力、影响力更深远,要运用中华文明提炼中国智慧,以中华文明的包容性弥合世界各国的文明差异,彰显中华文明的宽广胸襟,展现可信、可爱、可敬的中国形象,让世界各国更好地理解中国模式、中国道路、中国式现代化,其内涵实质就是要实现社会主义意识形态的凝聚力和引领力更强、全社会的文明程度更高、文化事业和文化产业更繁荣、中华文明的传播力和影响力更深远。从这个意义来说,推动社会主义文化的自信自强就是社会主义文化强国建设的目标所系,具体表现在以下几个方面。

社会主义意识形态的凝聚力和引领力更强是社会主义文化强国建设的首要目标。意识形态主要体现为基本的思想理论和价值观念,具有鲜明的文化属性。社会主义文化强国建设的首要目标就是要让社会主义意识形态的凝聚力和引领力更强,巩固壮大奋进新时代的主流思想舆论,让积极、健康、向上、主旋律更响亮、正能量更强劲的社会主义意识形态深入人心。

全社会的文明程度更高是社会主义文化强国建设的关键目标。恩格斯认为文明是"社会的素质",全社会的文明程度更高,具体是指全国人民的思想道德素质、科学文化素质、身心健康素质更高。党的十八大以来,习近平总书记对提升全社会的文明程度做出一系列重要论述。社会主义文化强国建设的关键目标就是要让全社会的文明程度更高,要坚持用文化育人化人,大力推进公民道德建设、理想信念教育,持续增强人民群众的文明实践自觉。

文化事业和文化产业更繁荣是社会主义文化强国建设的主要目标。推动文化建设,繁荣文化事业和文化产业,是满足人民群众不断增长的精神文化需求的主要途径。以习近平同志为核心的党中央把文化事业、文化产业的繁荣摆在党和国家事业非常重要的位置,深刻回答了文化事业、文化产业繁荣发展的根本性、方向性、战略性重大问题。社会主义文化强国建设的长期目标就是要让我国的文化事业和文化产业更繁荣,要服务人民、扎根人民,推出更多深入人民灵魂、引发人民共鸣、增强人民精神力量的优秀文化产品,厚植文化自信的群众根基,要发挥重大文化产业项目对全国或区域经济文化发展的示范引领效应。

中华文明的传播力和影响力更深远是社会主义文化强国建设的长远目标。中华文明的传播力和影响力关系到我国的文化安全,是我国向海外传播中华文明,避免文化冲突、文化战争的必要手段。党的二十大报告将中华文明的传播力和影响力放在一起阐述,说明中国共产党坚持以文明沟通民心、以文明塑造大国形象的思路愈加清晰。社会主义文化强国建设的长远目标就是要让中华文明的传播力和影响力更深远,要在中华文化的精髓中提炼中国智慧,以中华文明的包容性弥合世界各国的文明差异,展现可信、可爱、可敬的中国形象,让世界各国更好地理解中国模式、中国道路、中国式现代化。

其次,推进文化自信自强是社会主义文化强国建设的必由之路。

历史发展进程充分表明,文化是民族的精神命脉,文化自信自强为实现民族文化繁荣发展提供前进动力。党的二十大报告要求:"发展面向现代化、面向世界、面向未来的,民族的科学的大众的社会主义文化,激发全民族文化创新创造活力,增强实现中华民族伟大复兴的精神力量。"立足新发展阶段、贯彻新发展理念、融入新发展格局,只有大力推进文化自信自强,才能引领社会主义文化强国走上光明正确的道路。

推进文化自信自强,就是坚持对社会主义文化,包括中华优秀传统文化、革命文化和社会主义先进文化的自信自强。具体来说,中华优秀传统文化是坚定文化自信自强的"底气"所在。正如习近平总书记所说："中华优秀传统文化已经成为中华民族的基因,植根在中国人内心,潜移默化影响着中国人的思想方式和行为方式。"革命文化是坚定文化自信自强的"骨气"所在。革命文化中蕴含的内在价值和追求,创造了"为有牺牲多壮志,敢教日月换新天"的革命精神,它将中华民族的信仰与党的初心使命共同融入社会主义文化的血脉中来,与中华优秀传统文化一脉相承。革命文化是中华优秀传统文化与马克思主义中国化结合的产物,既有历史的继承性,又与特定的历史时代密切相关。革命文化让近代以来的中国人民重新拾起了民族自信心。社会主义先进文化是坚定文化自信自强的"志气"所在。它以马克思主义为指导,继承和弘扬中华优秀传统文化和五四运动以来形成的革命文化传统、吸收借鉴世界优秀文化成果、集中体现全国各族人民在新的历史条件下的精神追求,始终代表着当代中国发展前进方向的文化。

我们只有对自己的文化有"自知之明",才能加快文化转型发展,提高文化选择的能力和水平。在长期的奋斗历程中,中国共产党高扬革命理想、弘扬民族精神、发展先进文化,使中国人民在精神上从被动转为主动,不断坚定文化自信,走向文化自强。

习近平总书记指出："中国走上这条道路,跟中国文化密不可分。我们走的中国特色社会主义道路,它内在的基因密码就在这里,有中华优秀传统文化这个基因。所以我们现在就是要理直气壮、很自豪地去做这件事,去挖掘、去结合中华优秀传统文化,真正实现马克思主义中国化时代化。"因此,推进文化自信自强,毫无疑问,是社会主义文化强国建设的必由之路。

最后,文化自信自强是实现中华民族伟大复兴的必然要求。

文化具有强大的凝聚力,是一个国家、一个民族的灵魂。它对社会存在有反作用,从人类文明的发展来看,先进的、优秀的文化能够成为促进国家和社会发展与进步的强大的物质力量,是最重要的动力源泉,而落后的、封闭的文化则可能严重阻碍国家和社会的发展与进步。中华优秀传统文化作为在全世界范围内唯一未曾中断的精神力量,为中华民族的前进与发展提供了强大的精神支撑作用。文化兴则国家兴,文化强则国家强。一个国家和民族要想实现事业的全面发展和民族的全面振兴,离不开文化事业的支撑,否则就是空中楼阁和镜花水月。中国特色社会主义建设,如果没有社会主义文化的繁荣发展,就没有社会主义现代化。

社会存在决定社会意识,社会意识是社会存在的反映。文化作为社会意识,对一个国家、一个民族的进步与发展,起到巨大的精神支撑作用。放眼世界,人类社会的每一次重大进步与跃升,无不伴随着文化的历史性进步与发展。马克思从唯物史观的高度指出:"在不同的经济和社会环境中,人们生产不同的思想和文化,思想文化建设虽然决定于经济基础,但又对经济基础产生反作用。先进的思想文化一旦被群众掌握,就会转化为强大的物质力量;反之,落后的、错误的观念如果不破除,就会成为社会发展进步的桎梏。"习近平总书记深刻指出:"在几千年的历史流变中,中华民族从来不是一帆风顺的,遇到了无数艰难困苦,但我们都挺过来、走过来了,其中一个很重要的原因就是世世代代的中华儿女培育和发展了独具特色、博大精深的中华文化。"在中华民族生生不息绵延发展的过程中,我们经历了无数次的挫折,但每一次都能越挫越勇浴火重生,离不开中华优秀传统文化的助力和支撑。

习近平总书记在对宣传思想文化工作做出的重要指示中强调:"不断提升国家文化软实力和中华文化影响力,为全面建设社会主义现代化国家、全面推进中华民族伟大复兴提供坚强思想保证、强大精神力量、有利文化条件。"文化软实力是一个国家基于其文化基础而形成的凝聚力、感召力和生命力。习近平总书记在教育文化卫生体育领域专家代表座谈会上指出:"统筹推进'五位一体'总体布局、协调推进'四个全面'战略布局,文化是重要内容;推动高质量发展,文化是重要支点;满足人民日益增长的美好生活需要,文化是重要因素;战胜前进道路上各种风险挑战,文化是重要力量源泉。"在五千多年的漫长历史中,中华民族始终以和平的姿态,屹立于世界民族之林,凭借的不是战争和征服,也不是侵略和扩张,而是中华文化的强大感召力和吸引力。中国作为世界第二大经济体,不可能走西方"国强必霸"的老路,而是一如既往地贯彻和平理念,积极构建人类命运共同体,这也是中华优秀传统文化的必然要求。今天,中华优秀传统文化正在国际社会散发无与伦比的魅力,得到越来越多的人的认同和喜爱。新时代新征程,我们更应该把文化建设放在更加突出的位置上,从中华优秀传统文化中汲取丰富的养分,滋养中华民族伟大复兴的文化根脉。

二、文化自觉、文化自信和文化自强

1997 年,为了应对全球一体化趋势下人与人关系的问题,费孝通先生在北京大学社会学人类学研究所开办的第二届社会文化人类学高级研讨班上首次提出"文化自觉"的概念。文化自觉涉及个人、群体、社会和国家等多个层面。具体来说,文化自觉意味着对自身文化的深刻理解和自我反思,包括认识文化的来历、形成过程、特色及发展趋势。这种自觉不仅是对自己文化的自知之明,也是对其他文化的了解和认识,以及处理好本土文化与外来文化关系的能力。文化自觉体现在对文化传统的历史过程和演进趋势的把握上。文化作为一种观念体系,其本身有一个演进的过程,体现为价值观念的变化和思维方式的更新。文化自觉的实践性则表现为它是生产生活实践发展的结果和必然要求。在国家和民族层面,文化自觉涉及对思想传统、价值规范和理想信念的深刻反思,以及对个人和群体行动的根据、目的与意义的审视。文化自觉的主体可以是个人,也可以是民族、国家等共同体。在中华文化的背景下,文化自觉涉及对中华文化的深刻反思和审视,从不同角度对中华传统文化进行了反思和反省。

文化自信是一个国家、一个民族对自身文化价值的充分肯定和积极践行,以及对其文化的生命力持有的坚定信心。它是建设中华民族现代文明的重要支撑,也是一个国家发展进步的不竭源泉。文化自信是中华民族伟大复兴的重要基础。只有坚定文化自信,才能让我们在国际舞台上毫无畏惧地展示出自己的文化魅力,为世界的文化多样性做出贡献。自信才能自强。习近平总书记指出:"我们说要坚定中国特色社会主义道路自信、理论自信、制度自信,说到底是要坚定文化自信。文化自信是更基本、更深沉、更持久的力量。"中华民族作为一个有着强烈文化自信的民族,在发展的进程中,立得住、站得稳、行得远,历经数千年而绵延不绝、屡遭磨难而经久不衰,正是源于中华优秀传统文化带给我们的文化自信的底气。

文化自强是指弘扬本国文化,增强文化创新能力,提高国家的文化软实力。这一概念强调的是依托自身文化资源、依靠自身文化力量、以自身为价值旨归,不断发展强大中国文化,使其足以承担引领现代化强国建设前进方向及世界发展潮流的重任。文化自强的目的是实现国家的文化繁荣和发展,提高国家的文化影响力,塑造良好的国家形象,增强国家的凝聚力和向心力。文化自信是最基本、最深沉、最持久的力量。

从三者的逻辑关系上看,文化自觉是对文化地位和作用的高度自觉,是对文化发展规律的高度自觉,是对文化使命和文化担当的高度自觉,是文化自信和文化自强的思想前提;文化自信是对自身文化传统及其价值的自信,是对自身文化先进性和生命力的自信,是对自身文化创新创造活力及其前景的自信,既是文化自觉的跃迁和升华,又为文化自强提供底气和力量;文化自强是指不断增强自身文化的吸引力凝聚力,努力提升自身文化的创造力和竞争力,日益扩大自身文化的影响力和感召力,是文化自觉和文化自信的价值目标与发展指向。

在中华传统文化的发展中,最为人津津乐道的是一种文化回归现象——"返本开新"。"返本开新",即回到文化产生的原点,如经典、圣言、圣训等,以新方法、新思路努力挖掘新的文化线索,诠释新的思想内涵等。其成立的前提,必然是文化自信。如果一个国家、民族无法对其传统文化产生发自内心的尊敬、信任和珍惜,或者充满信赖感的尊奉、坚守和虔诚的话,那么在遇到难题时是不会采取"返本开新"的形式,寻求化解之路的。事实证明,这样一种自信是不会让人失望的。当春秋时期"礼崩乐坏"时,孔子问道"六经",社会秩序得以恢复;当隋唐时期佛教入侵、中国"道统"摇摇欲坠时,宋明理学家重回原典,以"四书"置换"五经"核心文本地位,新儒学诞生;当近代时期多元文化激荡时,现代新儒家坚守"根意识",让中国文化焕然一新,重燃生命活力。可以说,没有文化自信,民族便会失去其本质属性,国家的发展也会迷失方向。

与文化自信相悖的概念是"文化自卑"与"文化自负"。"文化自卑"是一种对自身文化价值的轻视、怀疑乃至否定的态度和心理。鸦片战争后,许多国人一度产生"文化自卑",或主张全面清算传统文化弊端,或主张全盘西化,甚至将中国近代以来的百年屈辱归因于中国文化的技不如人,以至于宣称中国的"方块字"不如西方的字母,产生了对民族文化的罪恶感。后来,中国社会的发展事实证明,这样的自卑只能让中国更加"羸弱"下去。"文化自负"是一种在态度上对自身文化的自满自足和妄自尊大。唯我独尊的"天朝"意识同样会损害中华文化的发展。郑和下西洋本已打开了世界文化进入中国的窗口,但明朝政府基于文化自我满足而采取的"阻断"策略,让传统文化失去了进一步丰富、充实的机会;清朝政府在文化上的傲慢和偏见,换来的则是"坚船利炮"打击下的文化溃退。

回顾中华传统文化的发展史,其中的"自强"元素数不胜数,"四大发明"、文化国粹,是国人自豪的资本。但我们决不可一直站在"功劳簿"上沾沾自喜,只有通过努力创造新的自强因子,方能让中华传统文化财富流传下去。

从党的十九大报告强调"坚定文化自信,推动社会主义文化繁荣兴盛",到党的二十大报告提出"推进文化自信自强,铸就社会主义文化新辉煌",体现了重大变化,蕴含着深刻含义。坚定文化自信,建设社会主义文化强国,必须从中国的实际出发,依靠中国人民自己的力量,固守中华文化的主体性,使文化发展具有鲜明的中国特色,彰显中华优秀传统文化的影响力、吸引力和竞争力,增强国家文化软实力。只有文化真正自信自强起来,才能凝聚起实现中华民族伟大复兴的精神力量。

从文化自觉到文化自信再到文化自强,这既是一个历史过程的演进,更代表着一种发展方向的坚持,体现了我国文化建设发展的进程和趋势,其中蕴含着思想观念的升华、文化逻辑的递进和价值追求的跃迁,体现出我们党在文化层面上所实现的思想飞跃和理论创新。文化兴则国运兴,文化强则民族强。坚定文化自信,是从文化认知、文化认同的深层心理出发,全面提升文化自觉,为有中国特色的社会主义文化传承发展奠定了坚实基础、注入生机活力。坚持文化自强,则是与中华民族在国际舞台上"强起来"的历程同频共振。中华民族的伟大复兴,离不开文化的繁荣昌盛。

由党的十九大提出"坚定文化自信,推动社会主义文化繁荣兴盛"的重要论断演变为党的二十大提出的"推进文化自信自强,铸就社会主义文化新辉煌"的战略要求,并郑重阐明了坚持和发展马克思主义,必须同中国具体实际相结合、必须同中华优秀传统文化相结合的重要思想,充分彰显了迈向新征程的中国共产党对文化使命的深刻认识和担当。在2023年6月2日的文化传承发展座谈会上,习近平总书记指出,"第二个结合"是我们党对马克思主义中国化时代化历史经验的深刻总结,是对中华文明发展规律的深刻把握,表明我们党对中国道路、理论、制度的认识达到了新高度,表明我们党的历史自信、文化自信达到了新高度,表明我们党在传承中华优秀传统文化中推进文化创新的自觉性达到了新高度。在新的历史起点上,我们必须坚定文化自信,不断深化对文化发展规律和中华文明发展规律的认识,为中华民族伟大复兴注入更加主动、更加强大的精神力量。

新时代新征程,坚守好马克思主义的"根脉"和中华优秀传统文化的"魂脉",坚持走自己的路,以只争朝夕、奋发有为的奋斗姿态勇担新的文化使命,共同努力创造属于我们这个时代的新文化,建设中华民族现代文明!

三、推进中华优秀传统文化自信自强

党的二十大报告提出:"全面建设社会主义现代化国家,必须坚持中国特色社会主义文化发展道路,增强文化自信,围绕举旗帜、聚民心、育新人、兴文化、展形象建设社会主义文化强国。"报告的第八部分"推进文化自信自强,铸就社会主义文化新辉煌",对我国社会主义文化建设进行了高屋建瓴地深入阐述,擘画了社会主义文化的新蓝图,对于我们建设社会主义文化强国,具有重要的理论指导和现实意义。

党的二十大报告,吹响了"推进文化自信自强,铸就社会主义文化新辉煌"的号角。这是以高度历史自觉掌握历史主动的正确选择,是以高度文化自信建设文化强国的应有之义。推进文化自信自强,有重要的现实依据。

从世情来看,推进"文化自信自强"是我们树立现代民族心理、现代大国心态的根本途径。一方面,随着政治战略、经济发展、文化价值坐标等方面的全球东移,世界格局呈现出"西降东升"的趋势,尤其是 2010 年中国首次超越日本成为世界第二大经济体后,中国同世界各国的关系呈现出前所未有的复杂性。国际力量对比的深刻变化,使得中西方意识形态领域的斗争加剧,社会思潮纷纭激荡对我国主流价值观念带来冲击,外来文化观念的冲突对我国文化发展与治理能力提出了更高要求。另一方面,我们需要依靠文化自信自强适应国家主体性坐标的位移。经济全球化和社会现代化的交叉汇集构成了自近代以来中国发展、演进的基本场域。但当今时代,新旧经济全球化的场域转换,以及由此产生的国家间交往范式的变化,共同推动了我们民族国家主体性坐标的位移。在角力的过程中,中国必须坚定对自身文化的自信自强,实现中华民族的文化自觉,积极主动地建设现代民族心理和现代大国心态。

从国情来看,推进"文化自信自强"是我们党和国家必须直面并努力化解巨大风险挑战的力量源泉。一方面,我国实现历史性跨越,迎来了中华民族伟大复兴的光明前景。特别是党的十八大以来,我国在文化建设方面取得了历史性成就、发生了历史性变革,意识形态领域形势发生了全局性、根本性转变,社会主义核心价值观得到广泛传播和践行,全党全国各族人民文化自信更加坚定,国家文化软实力大幅提升等。另一方面,党的十九大对我国社会主要矛盾做出了新的判断,从"人民日益增长的物质文化需要同落后的社会生产力之间的矛盾"转化为"人民日益增长的美好生活需要和不平衡不充分的发展之间的矛盾"。这一转变背后是两个"不变",即我国仍处于并将长期处于社会主义初级阶段的基本国情没有变,我国是世界最大发展中国家的国际地位没有变。我国正处于战略机遇期与改革攻坚期叠加、发展黄金期与矛盾凸显期交织的状况之中,仍旧面临着包括历史虚无主义在内各类错误思潮冲击等方面的挑战。党和国家直面并努力化解风险挑战的力量,最终源自"文化自信自强"的夯实与抬升。

从党情来看,推进"文化自信自强",是党员不变质、不变色、不变味的重要保障。新时代,中国所面临的内外部环境发生了深刻变化,中国共产党所处的历史方位、执政环境、建设任务都有了新的变化,需要加强党对宣传思想文化工作的全面领导,强化社会主义意识形态的凝聚力和引领力,用党的创新理论武装全党、教育人民,在全社会广泛践行社会主义核心价值观,全面提高全社会文明程度,大力发展社会主义文化事业和文化产业,不断增强中华文明传播力和影响力。

从社情来看,推进"文化自信自强"既要防止盲目自大的狭隘民族主义倾向,也要防止妄自菲薄的民族虚无主义倾向。具体说来,坚定文化自信自强,是对自身文化的自信自强,一方面,要放弃对以"普世价值"为核心的西方文化的"他信",防止历史和文化的虚无主义倾向,自觉弘扬中华优秀传统文化和中国特色社会主义文化;另一方面,要从根本上放弃文化中心主义的"盲目自信",杜绝狭隘的民族主义倾向和"文化自负"的心理,科学把握文化的差异共存,准确把握我们的"文化底色"。当然,坚定文化自信自强,还要由部分性自信自强转为整体性自信自强,任何偏颇都是不可取的。

一个国家和民族的强大与兴盛,总是以文化的强大和兴盛为支撑。中国共产党是一个具有高度文化自觉和坚定文化自信的政党,高度的文化自觉与坚定的文化自信是我们党的鲜明特征和显著优势。在带领中华民族实现从站起来、富起来到强起来的漫漫征程中,我们党总是高举先进文化的旗帜,始终立时代之潮头、发时代之先声,不断提升文化自觉、坚定文化自信、实现文化自强。

首先,新征程上推进文化自信自强,必须高度重视意识形态工作。

意识形态工作事关国家稳定和民族兴衰,是一项极端重要的工作。意识形态的凝聚力和引领力从根本上决定着文化的生命力和影响力。习近平总书记强调:"一刻也不能放松和削弱意识形态工作,必须把意识形态工作的领导权、管理权、话语权牢牢掌握在手中,任何时候都不能旁落,否则就要犯无可挽回的历史性错误。"推进文化自信自强,必须以习近平新时代中国特色社会主义思想为指引,强化社会主义意识形态的凝聚力和引领力,立破并举、激浊扬清,巩固全党全国各族人民团结奋斗的共同思想基础,凝聚中华民族伟大复兴的精神力量。坚持和加强党对意识形态工作的领导,牢牢把握意识形态工作领导权,全面落实意识形态工作责任制,实现党在思想宣传、新闻舆论、网络安全和信息化、文艺创作等领域的意识形态建设的全覆盖,同时以社会主义核心价值观引领文化建设,以社会主义先进文化、革命文化、中华优秀传统文化培根铸魂。

同时,要不断推进社会主义意识形态的思想创新与理论创新。要立足于中华民族伟大历史实践和当代实践,守正创新,使社会主义意识形态建设与统筹两个大局和推进中国式现代化的时代任务相适应,与建设社会主义文化强国的战略目标相统一。要积极推动马克思主义基本原理同中国具体实际相结合、同中华优秀传统文化相结合,使中国化、时代化的马克思主义与中华优秀传统文化相互成就,筑牢道路根基,打开创新空间,巩固文化主体性,为社会主义意识形态注入民族性和时代性的新内容,在科学回答中国之问、世界之问、人民之问、时代之问中,不断增强社会主义意识形态的前瞻性和权威性,提升社会主义意识形态的凝聚力和引领力,使社会主义意识形态牢牢占据真理与道义的制高点,建设中华民族现代文明。要创新意识形态工作理念,推动意识形态工作因事而化、因时而进、因势而新,使意识形态工作接住地气、提升底气、灌注生气,使全体人民在理想信念、价值理念、道德观念上紧紧团结在一起,切实增强实现中华民族伟大复兴的精神力量。

其次,新征程上推进文化自信自强,要不断丰富人民群众的精神世界。

人民群众是推动历史发展和文明进步的主体力量,不仅是社会物质财富的创造者,也是社会精神财富的创造者。毛泽东同志曾指出:"人民生活中本来存在着文学艺术原料的矿藏,这是自然形态的东西,是粗糙的东西,但也是最生动、最丰富、最基本的东西;在这点上说,它们使一切文学艺术相形见绌,它们是一切文学艺术的取之不尽、用之不竭的唯一的源泉。"一切文化创造都源于人民群众的生产生活实践。人民群众不仅是文化的创造者,也是文化的传承者和发展者。文化根脉的赓续和绵延,最终要落实和体现于人民群众的日用常行。精神文化需求是人民生活的基本需求,文化权益是人民的基本权益。习近平总书记明确指出:"人民对美好生活的向往,就是我们的奋斗目标。"高品质的精神文化生活是美好生活的内在组成部分。身处全新的历史方位,人民对美好精神文化生活的需求愈加旺盛。满足人民日益增长的美好生活需要,必然要求不断满足人民日益增长的精神文化需求。实现共同富裕,内在包含着精神生活共同富裕的新向度。发展中国式现代化,要求物质文明建设与精神文明建设协调发展。习近平总书记强调:"没有先进文化的积极引领,没有人民精神世界的极大丰富,没有民族精神力量的不断增强,一个国家、一个民族不可能屹立于世界民族之林。"推进文化自信自强,必须把人民放在最高位置,不断丰富人民群众的精神世界,激发全民族创新创造活力,建设中华民族共有的精神家园。

要牢固树立以人民为中心的发展思想,充分发挥人民群众的主体作用。

文化发展为了人民,文化建设依靠人民。在文化建设上,要解决好"为了谁、依靠谁"的问题,把蕴含于人民群众生产生活中的文化智慧和文化力量充分挖掘和释放出来。在推进物质文明和精神文明协调发展的进程中,必须以满足人民群众日益增长的精神文化新需求为出发点,以实现人民群众对美好精神文化生活的新期待为落脚点,推动文化产业高质量发展,构建全面均衡可持续的公共文化服务体系,推进人民精神生活共同富裕。要坚持以社会主义核心价值观为引领,创造贴近实际、贴近生活、贴近群众的文化作品,更好地发挥文化温润心灵、舒缓压力、陶冶情操、涵养境界的作用,实现以文化人、以文育人,更好地丰富人民的精神世界,焕发人民的精神面貌,增强人民的精神力量,全面提高社会文明水平。

最后,新征程上推进文化自信自强,要持续提升国家的文化软实力,以及中华文明的传播力和影响力。

文化软实力是一项"形于中"而"发于外"的重要力量。一方面,必须以强烈的文化使命感,凝魂聚气、强基固本,立足自身实际,依靠自身力量,突出自身特色,走中国特色社会主义文化发展道路,建设面向现代化、面向世界、面向未来的,民族的科学的大众的社会主义先进文化,更好构筑中国精神、中国价值、中国力量,不断夯实文化软实力的根基;另一方面,必须立足于新时代的中国实践、中国道路、中国经验,用中国道理总结好中国经验,把中国经验提升为中国理论,把发展优势和综合实力转化为话语优势,用活用好中华优秀传统文化资源,精心打造融通中外的新概念、新话语、新形象,充分提炼展示中华文明的精神标识和文化精髓,创新阐释人类命运共同体和全人类共同价值的中国叙事体系,加快构建中国自主知识体系,提升国际传播的针对性与亲和力,向世界展现真实、立体、全面的中国,呈现可信、可爱、可亲、可敬的中国形象,让当代中国形象和中华文明魅力在世界舞台上熠熠生辉,谱写中华民族现代文明的新华章。

人类文明的发展史可以证明,与世隔绝的文明是没有发展空间的,文化因交流而繁荣。任何一种文化的发展与进步,都需要在互相交流中汲取养分、博采众长。以怎样的态度对待其他文化,以怎样的姿态屹立世界文化之林,考验着一个国家的文化自信。简言之,一个国家的文化越自信,国家就越开放、越闪亮。中华文化之所以生生不息、经久不衰,就在于它具有海纳百川、有容乃大的胸襟,具有兼容并蓄、开放融通的传统。新时代中国式现代化的推进和发展,创造了前所未有的人类文明新形态。这一文明新形态是中华民族现代文明的新形态,是现代文明的社会主义发展新形态,是中华优秀传统文化与科学社会主义文明理想在中国大地上有机结合而孕育的人类文明新形态。我们吸吮着中华民族漫长奋斗积累的文化养分，拥有新时代取得历史性成就、发生历史性变革所结下的丰硕文明成果。

　　文化，是一个国家和民族的灵魂。今天，我们要努力讲好"两个故事"：一是面对世界百年未有之大变局加速演进、文化和意识形态领域冲突加剧的局面，我们要向世界讲好"中国故事"，让世界了解中国，不仅要展现中国的文化和现代化，还要展现中国在国际社会中负责任、敢担当的大国形象；二是中华民族伟大复兴进入关键时期，需要我们借助文化的力量讲好中国人"自己的故事"，尤其是对青年学生，要引导他们了解中华优秀传统文化，深挖中华优秀传统文化中的育人资源，积极投身文化实践，坚守文化根脉，赓续历史文脉，赋予中华优秀传统文化新时代的气息，以时代精神激活中华优秀传统文化的生命力，为民族复兴培根铸魂。

附录　扬州地区中华优秀
传统文化育人资源

　　高校为发挥中华优秀传统文化的育人功能,必须深入挖掘身边的育人资源,重视中华优秀传统文化各类资源的建设和利用,特别是学生身边的育人资源,如名胜古迹、人文资源等,让学生切身感受中华优秀传统文化的魅力,使学生潜移默化地接受、学习中华优秀传统文化。

　　本附录以扬州地区中华优秀传统文化育人资源为例。

一、大运河

　　大运河是中国古代劳动人民创造的一项伟大的水利建筑,是中华民族创造的世界遗产项目,也是中国历史发展长河中体现民族凝聚力和向心力的一项伟大工程。大运河始建于公元前486年,至今已有2 500多年。它由隋唐大运河、京杭大运河、浙东大运河三部分构成,全长2 700千米,自北向南连接黄河、海河、淮河、长江、钱塘江五大水系,是中国古代连接南北的交通大动脉。2014年6月22日,大运河获准列入《世界遗产名录》。联合国教科文组织世界遗产委员会认为,大运河是世界上最长、最古老的人工水道,也是工业革命前规模最大、范围最广的工程,促进了中国南北物资交流和领土的统一管辖,体现了中国人民在水利技术和管理能力方面的高超智慧、决心和魄力,也体现了东方文明的卓越成就。

大运河是世界上最早开凿的大型人工运河。大一统国家的建立,为大运河的建造创造了条件。西汉时期,沟通全国的运河系统已初步形成,由漕渠、黄河、鸿沟、汴渠、邗沟等组成的漕运大道,成为汉王朝的交通大动脉,形成了全国水路物流网络,保障了都城长安战略物资的供应。

隋唐时期,中国经济中心逐渐南移,为保证政治中心的地位,巩固多民族中央集权国家的统一,联系南北的大运河必须进行大规模的挖掘和整治。由通济渠、邗沟、永济渠、江南运河组成的隋唐大运河,以洛阳为中心,北起涿郡,南达余杭,全长 2 700 千米,连通了黄河、海河、淮河、长江、钱塘江五大水系,沟通了华北、华中和华东地区,形成了庞大的以长安、洛阳为核心的运河网络。纵横全国的水上交通网络、发达完善的运河体系为唐代经济繁荣、文化昌盛提供了优越条件。

南宋时期,宋室南迁,大运河南北交通暂时中断,以都城临安为中心的区域运河系统生成,依靠通畅而发达的漕运系统和江南经济重心的优势,南宋得以偏安不辍。

元代定都北方长城脚下的大都。为解决南方粮食、物资北运问题,元政府大规模开发隋唐大运河,自北向南开凿会通河、通惠河,首次实现京杭大运河全线贯通。明代大运河的路线基本与元代保持一致,主要进行了一些局部的修建和调整。

明清两代,中央对大运河漕运极为重视,设置漕运总督,负责管理运河水利。运河沿线城市也因漕运而兴盛,天津、德州、沧州、临清等北方城市发展迅速,淮安、扬州、苏州、杭州等南方城市并称运河沿线"东南四都"。明清两代对大运河的治理,主要围绕解决水源、保护河堤、疏浚河道、治黄保运、利用河闸围堰控制调节水量等问题。

大运河衰落于清代晚期。清咸丰五年(1855 年),黄河在铜瓦厢决口,京杭大运河被拦腰截断,淮南运道受到较大影响。同治十三年(1874 年),漕船由海轮代替。光绪二十六年(1900 年),漕运全部结束,大运河作为国家漕粮和其他物资运输大通道的历史使命也由此画上句号。大运河体系解体后,大部分运河沿线城市因失去对外联系的主要通道而迅速衰落。

中华人民共和国成立后,党和国家高度重视大运河航运和水利事业,提高航道标准,修建现代化的闸坝桥梁,对运河进行不间断的清淤和维修,使其运输能力有了很大提高。21 世纪初期,随着大运河成为全国重点文物保护单位并成功"申遗",加之南水北调工程的推进,大运河迎来了新的春天,文化和生态价值得以彰显,古老的大运河焕发出新的生机。

大运河既是人类智慧的结晶,又是文化传播的纽带,更是孕育文化革新的温床。在大运河诞生之前,我国中东部地区就有吴越文化、楚文化、鲁文化、赵文化,这些不同地域的文化在大运河上流动交汇,融合成各具特色、相互包容的文化花园。隋唐都城与扬州的文化互动,宋代的宗室南迁,元杂剧名家行走在大都到杭州之间,明代南京与北京的"二都"共生,以及诗词、昆曲、园林、书法、绘画等都是在运河沿线创作吟唱。此外,明清时期的"四大名著"、"三言二拍"、《聊斋志异》、《儒林外史》、《封神演义》、《老残游记》等文学名著也都是在大运河沿岸产生的。

大运河沿线的饮食文化也十分兴盛,从京菜到鲁菜,从淮扬菜到杭帮菜,可谓运河美食天下闻。至于运河沿岸的传统工艺更是精湛,从丝绸织造到雕版印刷,从红木家具到玉石雕刻,从木版年画到陶瓷烧制,从文房用品到螺钿漆器,从砖木建筑到赏石园艺,无不精雕细琢。无数的工艺精品走进了宫廷,有的成了今天故宫的镇馆之宝。

2 500多年来,大运河的开凿、发展、兴盛,是一部持续的中华文明进化史,也是一部不断丰富、联动、升华的中华文化史。从文化特质、民族性格、国家形象来说,它是中华文化天人合一智慧的结晶,是中华文化多元一体的生动写照,蕴含着家国情怀的责任担当、海纳百川的文化取向、和而不同的民族性格,将中华民族不畏艰难困苦、共建美好家园、共谋协同发展的文明追求立体地呈现出来。

今天,大运河是中国沟通世界的文化走廊,也是展现开放包容中华文明精神的文化载体。我们知道,全球51个国家拥有500多条运河,涉及3 000多个运河城市,而世界运河历史文化城市合作组织秘书处常设于中国的扬州。在面对世界百年未有之大变局,面对中华民族伟大复兴的关键时刻,通过运河这一世界共有的文化符号,讲好运河与人类命运的故事,讲好中国大运河与世界各国运河的文化故事,在求同存异中促进跨文化理解,增进文明交流互鉴,推动国际合作,让中国大运河文化为构建人类命运共同体做出独特贡献。

二、隋炀帝陵

隋炀帝陵位于江苏省扬州市邗江区槐泗镇槐二村,如今被认为是一座

"伪陵"。此陵是大学士阮元于清嘉庆年间考据并资助修复的。

史料记载,隋炀帝陵曾多次迁徙。杨广死后,萧皇后与宫人用漆床板制成棺木,葬于江都宫流珠堂。宇文化及率部离开江都后,镇守江都的大将陈棱感念隋炀帝旧恩,为之奔丧,改葬于吴公台之下。唐武德五年(622年),高祖李渊下令将隋炀帝陵迁到雷塘。贞观二十二年(648年),萧皇后病逝,太宗李世民命人将其尸骨送到江都陪葬隋炀帝。唐代以后,隋炀帝陵逐渐荒芜。

清嘉庆十二年(1807年),大学士阮元考证后认为,今槐二村一大土墩是隋炀帝的陵墓,遂出资修复,为其立石,并嘱托书法家、扬州知府伊秉绶以隶书题写"隋炀帝陵"四字墓碑。整个帝陵占地约3万平方米,由石牌楼、陵门、城垣、石阙、侧殿、陵冢等组成。整个帝陵造型别致,是典型的隋唐建筑风格。20世纪80年代以后,帝陵经过多次整修,已经成为扬州著名的旅游景点。1995年被列为省级文物保护单位。2013年曹庄隋炀帝墓考古发现后,此陵被证实为"伪陵"。

阮元在其《研经室集》中曾写下他发现隋炀帝陵的经过。阮元在明嘉靖年间的《维扬志图》中,看到在地名"雷塘"的北面画了一块墓碑,上书"隋炀帝陵"四字。他觉得时间过得不是很久,"不应迷惘,是问城中人,绝无识人"。正好他碰到一位老农,老农说那座陵墓还在,于是便找到了墓址。阮元后来在书中写道:"见陵地约余四五亩,且多荒墓,予乃坐陵下,呼村民担土来,委土一石者与一钱,不数日,积土八千石。植松百五十株,而陵乃出也。"目前,隋炀帝陵的基本规制仍保持阮元修葺时的样貌。

三、天山汉墓

天山汉墓是西汉广陵王刘胥与王后的合葬墓,在1979年发掘于高邮市天山镇神居山。1982年,天山汉墓被评为江苏省文物保护单位,迁至市区象别桥进行馆舍保护。

天山汉墓是一座夫妻同茔异穴合葬墓,有斜坡墓道的"黄肠题凑"式木椁墓。广陵王墓由墓道、墓坑、木冢组成;墓道总长53米,原墓坑深约24米;墓椁南北长16.65米,东西宽14.28米,通高4.5米,面积约237平方米,它由外藏椁、黄肠题凑、东厢、西厢、中椁、内椁(便房、梓宫)组成。王后墓也是"黄肠题凑"式木椁墓,结构上略有不同,虽无外藏,但增加了车马。墓材全部采用名贵的金丝楠木,规模宏大,结构严谨。

广陵王墓使用的是代表古代最高葬仪的"黄肠题凑",其木梓面积比湖南马王堆汉墓大 18 倍,并出土金缕玉衣残片,是全国罕见的大型汉代墓葬之一,也是迄今中国发现的同类木椁中保存最为完整的,极其珍贵。部分构件有漆书或凿刻文字注明名称、方位,如"广陵船板广二尺""医工"等内容。出土的大量玉器、漆器、木雕、车马等随葬品制作精良,尤其是漆塌、木屐、成套的浴具,在汉代墓葬中较为少见。这些文物生动地反映了当时的经济、建筑、手工艺和生活水平,为研究汉代广陵国的丧葬礼仪、职官制度、木作工艺、书法艺术等提供了宝贵的实物资料。

四、史可法墓祠

史可法墓祠,又称史公祠、史可法纪念馆,位于江苏省扬州市邗江区广储门外街 24 号梅花岭畔,占地面积 9 700 平方米,始建于清顺治二年(1645年),是纪念明末抗清名将史可法的著名历史遗迹。2013 年被评为第七批全国重点文物保护单位。

史可法(1602—1645 年),字宪之,号道邻,明末政治家、军事家。史可法是明崇祯元年(1628 年)进士,后累迁至南京兵部尚书。崇祯十七年(1644年),史可法任南明政权兵部尚书兼武英殿大学士,加太子太保,自请到前线扬州督师。南明弘光元年(1645 年),清军大举南下,史可法在扬州组织抵抗,因寡不敌众,城破被俘,不屈就义。其义子史德威遍寻史可法遗骨不得,遂依其遗愿将衣冠葬于梅花岭下,是为史可法的衣冠冢。清乾隆帝追封其为忠正皇帝,命人在史公衣冠冢旁建祠,以示纪念。

史可法墓祠内有衣冠冢,冢西为祠堂,内有飨堂、桂花厅、梅花仙馆、方亭、晴雪轩、牡丹厅等古典建筑。

史可法墓祠进门有参天的古银杏树,中间为小殿,面阔三间,进深五椽,四面有卷棚廊轩。殿后为衣冠冢,墓前有砖砌牌坊,墓台前立题有"明都督兵部尚书兼东阁大学士史公可法之墓"的墓碑,封土高 1.6 米。墓室西侧为宗祠,面阔三间,进深五椽;正厅内供奉麻胎漆制的史可法像,纱帽官袍,凛然端坐,双眼凝视远方;像后翼垂护屏,上刻寒梅数枝,疏影横斜,清气朗朗;在扩屏上方悬挂"气壮山河"横匾,笔力雄浑,生机勃勃;屏下铺几块方砖,显得模糊古旧;两侧陈列史可法的遗物。祠后以廊隔一园,园中梅花岭东西横卧,岭南有梅花仙馆,岭北为晴雪轩(又称遗墨厅,陈列史可法的手迹、拓本等)。

史可法墓祠是一座园林式的纪念馆,里面陈列着大量有关史可法的文物和历史资料。300多年来,无数文人墨客拜谒史公墓,并写下了大量歌颂他的诗作,不少作品还被刻成碑石嵌墙陈列。

五、阮元墓

阮元墓是位于江苏省扬州市邗江区槐泗镇永胜村的阮氏祖茔。始建于明代天启年间,距今已有约400年。

阮元(1764—1849年),字伯元,号芸台,清代经学家、训诂学家、金石学家。他是清乾隆五十四年(1789年)进士,乾隆、嘉庆、道光三朝元老,官至巡抚、总督等,晚年为体仁阁大学士,致仕后赠太傅衔。阮元每次赴任,必先消除地方灾害,然后大力推行教育,保护和搜寻地方旧书,主持编修地方史志。他主持或指导编修的志书和著述不胜枚举。阮元主持文坛风会数十年,被海内外学者奉为泰斗,是乾嘉学派晚期的代表人物,也被认为是扬州学派的柱石。他去世时,道光帝在祭文中称其为"极三朝之,乃一世之完人也"并赐谥号文达。

阮元去世后,归葬雷塘祖茔,在永胜村北的老坝山上,当地人称"阮家山"。在墓南奉旨建石碑坊,坊三门四柱两截,下端方形,上端圆形,并雕以龙纹,柱四周皆以耳形巨石作为底座,坊上端有石刻"圣旨"二字,下端有横长方形玉一块,上有"太子太保体仁阁大学士阮文达公墓道"十六字,石坊极为壮观。阮元墓,封土高2.2米,周长24米。墓碑宽约两米,横嵌在墓中,是清咸丰元年(1851年)设立,碑面光洁完整,墓表由兵部侍郎杨文定撰写,上首第一行书"皇清诏授光禄大夫太傅体仁阁大学士阮元文达墓地表",记载了阮元生平事迹及儿孙简况。

阮元故居,后改为家庙,位于毓贤街。阮元故居有三进,依次为大门厅、二门厅和供奉祖宗牌位的地方,内有皇帝御赐的匾额。据古建筑专家赵立昌先生介绍,阮元故居建于清嘉庆年间,在建筑手法上采用了扬州地方风格,也吸收了北方的一些技艺,整个建筑古朴、庄重、规整、严谨,也在一定程度上反映了阮元治学严谨的个性。

六、吴道台宅第

吴道台宅第是清光绪年间任浙江宁绍道台吴引孙的宅第,建于1904年,位于江苏省扬州市泰州路中段,是江南三大名宅之一,也是全国重点文物保护单位。

吴引孙(1851—1920年),字福茨,曾任布政使、巡抚等职,是晚清扬州籍达官显贵之一,对家风教育十分重视,其孙辈多有成就。

吴道台宅第坐北朝南,原占地面积7 930平方米,建筑面积5 584平方米,现存面积2 650平方米。吴道台宅第原有五轴,除住宅部分外,在原北河下街东侧有一座名为“芜园”的花园,北侧为吴氏宗祠。吴道台宅第呈四方形,现存建筑有大门厅、测海楼、小洋楼、观音堂、大仙堂、爱日轩、轿厅、仪门、照壁等建筑,规模宏大,结构精巧,雕工精湛,保存完好,以浙江建筑法则为蓝本,融合扬州传统建筑风格,体现了中国古典文化与旧时官府文化的精髓,是扬州古建筑中独具特色的民居建筑群。

七、扬州八怪纪念馆

扬州八怪纪念馆位于江苏省扬州市广陵区驼岭巷18号,建于明代,占地面积为4 452平方米,是一座宣传“扬州八怪”艺术成就、具有扬州特色的专业纪念馆。

扬州八怪纪念馆是在金农故居和西方寺的基础上改建而成的,由大雄宝殿、两侧的东西廊房及镇馆之宝陈列厅组成,整体呈“U”字形结构。

扬州八怪纪念馆的大殿前是两副抱柱楹联,一副是郑燮的“删繁就简三秋树,引异标新二月花”,另一副是金农的“三千余岁上下古,八十一家文字奇”。大雄宝殿为主展厅,以扬州漆画的形式展示了18世纪扬州的繁荣经济和风土人情。大殿构架多为楠木制成,其梁架全部暴露明造,柱顶做卷杀,呈覆盆形式,正中缝做抬梁形式,为月梁形制,山面为穿逗式,颇具历史气息。殿内塑有“八怪”十五尊,雕塑的背后是当代文人江树峰歌颂“扬州八怪”所写的《水调歌头》。词曰:“何为文人画,绘事重抒情。‘八怪’扬州崛起,画史永留名。衙斋闲闻箫竹,狮猫爱鱼灭鼠,半榻乱书横卷。凉叶香处,鸡鸣人心。与隶凶,如马踢,不堪其行,环磨怀素戏砚,东坡对菊琴。三祝,西方旧庙,画马酸嘶悲愤,古拙出凡尘。《弹指阁》图在,傲骨石涛钦。”

扬州八怪纪念馆以图文介绍了“扬州八怪”的生平,展示了他们在一起讨论书画时的热闹场景,陈列了他们代表性的书画作品,还复原了金农寄居室的陈列,展现了“扬州八怪”书画创作生活的历史氛围。

“扬州八怪”之一的金农曾寄居此处,卧室墙壁上挂着金农的《采菱图》

《自撰七绝漆书》，题有"东家邻上花开落，西舍池头月缺圆。酒不招人山隔，扬州何苦住年年"。客厅正中墙壁上有一幅金农的自画像，左右壁各挂四幅书画，分别是金农的《壶天春色图》、汪士慎的《梅枝图》、郑燮的《题画诗》和罗聘的《竹石图》，其意象征着四位好友正在品茗叙旧。

东园位于金农寄居房的后花园东侧，假山点缀，池塘环绕，布置成花园的模样。池塘名为"鹤池"，取自金农"鹤在池上窥冰"的诗句，以千年古银杏、假山潭为围，将江南园林的风貌展示得淋漓尽致。

后　记

　　中华优秀传统文化是中华民族的瑰宝,蕴含着丰富的思想精髓和文化精华,直到今天仍有重要的现实价值和方法论意义。中华优秀传统文化对我国教育事业的发展有不可替代的重要作用。新时代,高校开展中华优秀传统文化育人活动,要充分发扬中华优秀传统文化的思想和理念,引导学生树立正确的世界观、人生观、价值观,使其养成良好的道德品质和文化素养,坚持中国特色社会主义道路,使其成长为可堪大用、能担重任、全面发展的人才,最终为文化强国战略提供人才支撑。

　　当前,科技发展日新月异,全球化进程日益加快,各种文化交融碰撞,青年学生要从中华优秀传统文化中汲取智慧和力量,不仅要具备专业知识和技能,还要有明辨是非、分析问题、解决问题的能力。因此,高校要在教育中充分挖掘和利用中华优秀传统文化的育人功能,通过丰富多彩的文化活动、课程设置、校园文化建设等方式,让青年学生深入了解和感受中华优秀传统文化的魅力,增强其对中华优秀传统文化的认同感、自豪感和归属感,坚定文化自信、厚植爱国情怀。同时,高校要将中华优秀传统文化的精华与现代科学技术、社会发展结合起来,不断深化和拓展,为广大青年学生提供更为丰富、全面的教育资源和人文环境。

　　总之,高校开展中华优秀传统文化育人活动是构建中华优秀传统文化传承体系、推动中华优秀传统文化传承创新的重要途径,是培育和践行社会主义核心价值观、落实立德树人根本任务的重要基础。因此,高校要充分发挥中华优秀传统文化的育人功能，引导青年学生坚定文化自信，使之成为有理想、敢担当、能吃苦、肯奋斗的新时代好青年，为祖国未来发展贡献青春力量。